KB271739

마음경영

세상을 움직일 수 있는

마음경영

데일 카네기 지음 이상숙 편저

Dale Carnegie

『카네기 인간관계론』, 『카네기 리더십』, 『카네기 대화론』, 『카네기 성공론』의 통합본

아름다운 사회
Beautiful Society

좋은 사람, 멋진 인생,
행복한 성공으로 통하는
데일 카네기의 명쾌한 해법

데일 카네기(Dale Carnegie)는 인간관계 경영에 있어서 탁월한 통찰력을 보여준다. 그의 저서들은 수많은 나라에서 번역되어 성공적인 인간관계에 관한 영원한 고전으로 추앙받는다. 지금 이 순간에도 연간 30만명 이상의 사람들이 세계 80여 개국에 설립된 [데일 카네기 연구소]에서 '데일 카네기 코스'를 수료하고 있다.

〈마음 경영〉은 데일 카네기 탄생 120주기를 앞두고 다양한 저술을 한 데 모은 것이다. 1937년 출간된 이래, 3000만부 이상 읽힌 〈카네기 인간관계론(How to Win Friends and Influence People)〉을 중심으로, 〈카네기 리더십(The reader in you)〉, 〈카네기 대화론(The

데일 카네기 (Dale Carnegie; 1888-1955)

[데일 카네기 연구소]를 설립한 실천적 교육자이자 인간관계 연구의 선구자로 평가받는다. 다양한 저술을 통해 인간의 심리를 분석하고 인간관계론을 체계화시켰으며, 대표적인 저서로는 〈카네기 인간관계론〉, 〈카네기 리더십〉, 〈카네기 대화론〉, 〈카네기 성공론〉 등이 있다.

Dale Carnegie

Quick and Easy Way to Effective Public Speaking)〉과 〈카네기 성공론(How to Stop Worrying and Start Living)〉 등을 간추려 엮어 보았다.

이 책은 나홀로 '왜 사는가?'를 묻기 위한 것이 아니라, 사람들과 더불어 '어떻게 사는가?'를 알려주기 위한 것이다. 데일 카네기를 통해 사람과 사람 사이를 이어주는 진정한 '인간철학(人間哲學)'의 면모를 엿볼 수 있기 바란다.

■ 목차

제1부 내 편 만들기

1. 100명 중에서 99명은 스스로를 나쁘게 생각하지 않는다 · 13

2. 마음을 위한 최고의 비타민은 바로 칭찬! · 17

3. 사람은 자신이 원하는 것에만 관심을 보인다 · 22

4. 친구로 만들고 싶다면 그 사람에게 먼저 관심을 보여라 · 27

5. 오랫동안 기억에 남는 인상은 미소 짓는 얼굴! · 32

6. 이름을 기억해주면 마술이 일어난다 · 37

7. 대화에서는 70%를 듣고 30%만 말하라 · 42

8. '난 정말 이 세상에 꼭 필요한 사람이야' 라는 느낌을 갖게 하라 · 48

9. 논쟁에는 승리자가 없다 · 53

10. '내가 옳고 너는 틀렸어' 라고 말하지 마라 · 58

11. 용서를 받는 지름길은 잘못을 인정하는 것이다 · 63

12. 화를 내는 것은 문제해결에 도움이 안 된다 · 68

13. 잘 들으면 해답이 보인다 · 73

Dale Carnegie

14. 상대방이 아이디어를 스스로 생각해낸 것처럼 만들어라 · 78

15. 입장을 바꿔 생각해 보라 · 83

16. 하고자 하는 의욕을 불러일으키면 문제는 저절로 해결된다 · 88

17. 결점을 지적하고 싶다면 칭찬과 감사부터 하라 · 93

18. 실수는 간접적으로 넌지시 지적하라 · 98

제2부 '말'을 잘하면 세상살이가 한결 쉬워진다

19. 누구나 말을 잘하고 싶어 한다 · 105

20. 말을 잘하려면 어떻게 준비해야 하는가? · 110

21. 유명인사들의 말을 잘하는 비결 · 115

22. 이상적인 기억력 향상법 · 120

23. 링컨이라면 이런 상황에서 어떻게 행동할까? · 125

24. 머리를 써서 감동을 불러일으켜라 · 130

25. 호감이 호감을 얻는다 · 135

26. 말은 상쾌하게 시작하라 · 140

■ 목차

27. 확실한 마무리 · 146

28. 간결하고 쉽게 핵심만 말한다 · 151

29. 새롭고 신기한 뭔가를 알려주어라 · 156

제3부 기회는 누구에게나 있다

30. 모든 에너지를 현재에 쏟아 부어라 · 163

31. 문제를 해결하는 3단계 공식 · 168

32. 마음의 병과 싸워 이겨야 오래 산다 · 173

33. 걱정의 90퍼센트를 날려버리는 요령 · 178

34. 일에 몰두하면 고민은 저절로 사라진다 · 183

35. 지금의 고민이 정말로 중요한 일인가! · 188

36. 평균율의 법칙에 따르면… · 193

37. 어쩔 수 없는 일은 받아들여라 · 199

38. 고민거리에 대해 '데드라인'을 정하라 · 205

39. 과거는 발판으로 삼거나 아니면 잊어라 · 210

40. 마음의 마술 · 215

41. 복수는 자신에게 더 큰 상처를 입힌다 · 220

42. 베풂에 대한 대가를 바라지 말라 · 225

43. 없는 것을 한탄하지 말고 있는 것에 감사하라 · 230

44. 자기다운 모습이 가장 아름답다 · 236

45. 손실에서 이익 발견하기 · 242

46. 주는 것으로부터 얻게 되는 기쁨 · 247

47. 비난의 비가 쏟아질 때는 우산을 펼쳐라 · 252

48. 비판을 삶의 비타민으로 받아들여라 · 257

49. 피곤해지기 전에 쉬어라 · 262

50. 스트레스 한 방에 날리기 · 267

제 **1** 부

내 편 만들기

"죽을 때까지 남에게 원망을 사고 싶다면,
남을 신랄하게 비판해도 좋다.
그 비판이 사실에 가까울수록 효과는 더욱 커진다.
사람은 모순에 가득 찬 감정의 동물이기 때문이다."

Dale Carnegie

01

100명 중에서 99명은
스스로를 나쁘게 생각하지 않는다

비판은 쓸데없는 짓이다. 어떤 경우든 비판을 받는 사람은 방어적인 자세로 자신이 옳다는 것을 증명하기 위해 애쓰게 마련이다. 비판은 위험한 것이다. 그것은 사람의 자존심에 상처를 입히고 원한을 품게 만들기 때문이다. 비판으로 인한 원한은 상대방의 의욕을 가라앉게 만들뿐, 조금도 긍정적인 효과를 내지 못한다.

어느 회사의 관리자가 현장에서 일하는 종업원들이 헬멧을 착용하지 않자 권위적인 자세로 안전규칙에 대해 설명하고 그 규칙에 따라줄 것을 명령했다. 그러나 그의 권위적인 자세는 종업원들의 반감을 불러일으켰고, 종업원들은 그가 나타나면 헬멧을 썼다가도 그가 떠나면 이내 헬멧을 벗어던지고 말았다.

그 사실을 알게 된 관리자는 고민 끝에 다른 방법을 써보기로 하였다. 이후로 그는 헬멧을 쓰지 않은 종업원을 만나면 이렇게 물었다.

"헬멧이 불편한가?"

"머리에 제대로 맞지 않는가?"

그런 다음, 명랑한 목소리로 헬멧을 착용하지 않았을 때 어떤 일이 벌어지는지를 들려주고 작업을 할 때는 언제나 헬멧을 착용하는 것이 안전하다고 말했다. 그 후, 별다른 거부반응 없이 규칙을 지키는 종업원들이 하나둘 늘어났다.

링컨은 "남을 심판하지 마라. 그러면 너희도 심판받지 않을 것이다"라는 말을 즐겨썼다고 한다. 그는 아무리 어려운 상황일지라도 상대방을 비판하기 전에 입장을 바꿔 다시 한번 곰곰이 생각해보았다.

사실, 남을 비판하거나 실컷 퍼붓고 나면 기분이 좀 풀어진다. 남의 결점을 꼬집어 개선하라고 얘기하는 것은 쉬운 일이다. 그러나 남을 향해 손가락 하나를 펼 때, 자신에게는 세 개의 손가락이 향하고 있음을 알아야 한다.

공자는 이렇게 말했다.

"자기 집 대문 앞을 지저분하게 방치한 채, 옆집 지붕 위의 눈을 비난하지 마라."

죽을 때까지 남에게 원망을 사고 싶다면, 남을 신랄하게 비판해도 좋다. 그 비판이 사실에 가까울수록 효과는 더욱 커진다. 사람은 모순에 가득 찬 감정의 동물이기 때문이다.

토마스 하디는 마음에도 없는 비평 때문에 영원히 소설을 쓰지 않게 되었으며 천재 시인 토마스 채터튼 역시 비평 때문에 자살하기에 이르렀다. 벤자민 프랭클린은 분별없이 보낸 젊은 시절의 잘못을 깨닫고 부단히 노력한 결과, 프랑스 주재 미국대사가 되기도 하였다. 그는 이렇게 말했다.

"나는 어떤 사람에 대해서도 나쁜 점을 이야기하지 않고 좋은 점에 대해서만 이야기한다."

어떤 바보일지라도 비판하고 비난하고 불평불만을 늘어놓을 수 있다. 그리고 정말로 바보일수록 그렇게 한다. 왜냐하면 이해하고 용서하려면 인격과 극기심이 필요한데 바보는 그렇게 할줄 모르기 때문이다.

시험 비행사인 밥 후버가 어느 날, 3백 피트 상공에서 공중곡예 쇼를 펼치고 있는데 갑자기 양쪽의 엔진이 모두 멈추고 말았다. 다행히 비행기를 잘 다룰 줄 알았던 후버는 침착하게 대응했고 한 사람의 부상자도 없이 비상착륙에 성공했지만 기체는 무참하게 부서지고 말았다. 착륙에 성공한 후버는 가장 먼저 비행기 연료를 체크하였고 예상대로 비행기에 휘발유가 아니라 제트연료가 들어있음을 확인하였다.

"정비사는 어디 있나?"

젊은 정비사는 이미 자신의 실수를 깨닫고 어찌할 바를 몰라 하고 있었다. 자신의 실수로 고가의 비행기가 부서지고 아까운 목숨들을 잃을 뻔했기 때문이다. 정비사가 여러 사람에게 둘러싸여 잔뜩 긴장하고 있을 때, 후버가 다가와 그의 어깨에 팔을 두르고 말했다.

"자네는 두 번 다시 이런 실수를 저지르지 않을 걸세. 앞으로도 매일 내 비행기는 자네가 맡아서 정비해 주게."

비난하기 전에 먼저 상대방을 이해하려 애써보라. 왜 그런 행동을 했을지 생각해보고 그 행동을 이해하려 노력하라. 그것이 비판보다 훨씬 더 유익하다. 더불어 그것은 동정과 관용과 우애를 길러준다.

하늘도 인간이 죽을 때까지 인간을 심판하지 않는데, 왜 우리는 인간을 심판하려 하는가!

02

마음을 위한 최고의 비타민은
바로 칭찬!

사람은 누구나 자신이 원하는 일을 할 때, 가장 열정적이고 적극적이다. 그러므로 누군가에게 일을 시키고자 할 때는 그가 스스로 원해서 하도록 유도해야 한다. 상대가 스스로 원하도록 하려면 어떻게 해야 할까?

방법은 하나뿐이다. 그것은 상대방이 원하고 바라는 것을 주는 것이다. 그렇다면 사람들이 가장 원하고 바라는 것은 무엇일까? 이 질문에 대해 윌리엄 제임스는 이렇게 말하고 있다.

"인간성의 가장 심오한 원칙은 다른 사람으로부터 인정받고자 하는 갈망이다."

야채가게의 점원으로 일하던 링컨으로 하여금 50센트를 주고 몇 권의 법률 책을 구입하여 공부하도록 만든 것도 인정받고자 하는 갈망이었다. 영국의 소설가 찰스 디킨스가 불멸의 소설을 쓰게 된 것도, 록펠러로 하여금 평생 쓰고도 남을 재산을 축적하도록 한 것도 인정받고자 하는 갈망이다.

인정을 받고자 하는 갈망은 평범한 사람이든 유명한 사람이든 마찬가지이다.

조지 워싱턴은 '미합중국 대통령 각하'라고 불리기를 좋아했으며 콜럼버스는 '해군 제독 및 인도 총독'이라는 칭호를 원했다. 러시아의 캐더린 여왕은 '여왕 폐하'라는 칭호를 쓰지 않은 편지는 아예 뜯어보지도 않았고 백악관 시절의 링컨 부인은 그랜트 장군의 부인에게 다음과 같이 날카롭게 소리를 지르기도 하였다.

"내가 앉으라는 말을 하기도 전에 내 앞에서 의자에 앉다니… 괘씸하군!"

1928년에 버드 제독이 이끄는 남극탐험에 자금을 원조한 미국의 백만장자들은 그 대가로 빙산에 자신들의 이름을 붙여달라고 요구하였다. 빅토르 위고는 파리 시의 이름을 자신의 이름으로 바꾸고자 하는 야심을 품었고, 셰익스피어는 자신의 이름에 영광을 더하기 위해 자기 가족을 위한 문장(紋章)을 획득하였다.

이처럼 사람들은 타인으로부터 인정받고자 하는 욕망이 강하다. 그렇다면 사람들을 정당하게 평가해주는 것 하나만으로도 어떤 기적을 이룰 수 있지 않을까?

미국 기업인 최초로 연봉 1백만 달러를 받은 찰스 슈왑은 사람을 움직이는 능력 때문에 그토록 많은 급여를 받을 수 있었다고 한다. 그는 자신이 사람을 어떻게 다루는가에 대해 이렇게 말하고 있다.

"나에게는 사람들로부터 열정을 불러일으키는 능력이 있습니다. 그것은 나의 가장 소중한 재산으로 사람들의 열정을 불러일으키는 가장 좋은 방법은 격려와 칭찬을 하는 것입니다."

사실, 우리는 신체적인 영양에 대해서는 많은 신경을 쓰지만, 자부심에 영양을 공급해주는 것에는 매우 인색하다.

몇 년 전, 디트로이트에 있는 한 교사가 스티비 모리스에게 교실 안에서 없어진 쥐를 찾아달라고 부탁하였다. 그 교사는 앞을 볼 수 없었던 스티비 모리스에게 남들에게 없는 독특한 재능, 즉 뛰어난 청각이 있음을 알아보았던 것이다.

몇 년이 흐른 뒤, 스티비는 그때 처음으로 받았던 칭찬이 새로운 인생의 출발점이었다고 회상하였다. 그리고 그때부터 청각재능을 발전시킨 그는 마침내 '스티비 원더' 라는 이름으로 가수이자 작곡가로 널리 알려지게 되었다.

그렇다고 아첨을 하라는 것은 아니다. 칭찬과 아첨은 분명 구분이 된다.

영국국왕 조지 5세는 버킹검 궁의 서재에 여섯 가지 금언을 걸어놓
았는데, 그중의 하나가 이것이다.

"싸구려 칭찬은 하지도 말고 받지도 마라."

여기서 말하는 '싸구려 칭찬'이란 바로 '아첨'을 말한다. 만약 아
첨으로 모든 일을 해결할 수 있다면 누구나 아첨을 하게 될 것이다. 하
지만 랠프 왈도 에머슨이 말했듯 인간은 어떤 말을 해도 본심을 속일
수 없는 법이다.

이제부터라도 타인의 장점을 생각해보라. 여러분 주변의 모든 친
구, 친지, 아는 사람들은 어디까지나 인간이며 모두 칭찬에 굶주려 있
다. 그러므로 아주 작은 것일지라도 일상생활 속에 따뜻한 감사의 발
자국을 남기려 노력하라. 그러면 다음 날 그곳을 지날 때 그 작은 감사
가 어떻게 장밋빛 횃불이 되어 여러분의 길을 비춰주는지 알게 될 것
이다.

비판이나 비웃음은 실패를 가져오지만, 정직한 칭찬은 좋은 결과를 가져다준다. 나는 아침마다 볼 수 있도록 거울 앞에 이런 글귀를 붙여 놓았다.

"지금 이 시간은 내 인생에 두 번 다시 찾아오지 않는다. 그러므로 다른 어떤 사람에게 좋은 일을 할 수 있거나 어떤 친절을 베풀 수 있다면, 지금 바로 행하겠다. 내 인생에서 이 순간은 두 번 다시 오지 않을 것이므로 조금도 지체하거나 소홀히 하지 않겠다."

자신의 장점과 욕구를 돌아보는 대신 다른 사람의 장점을 찾아내려 애써보라. 그리고 솔직하고 진지한 마음으로 칭찬을 하라. 그러면 여러분이 그것을 잊고 난 뒤에도 상대방은 그것을 두고두고 간직하고 아끼며 되새겨볼 것이다.

03

사람은 자신이 원하는 것에만 관심을 보인다

사람들이 낚시를 할 때, 자신이 좋아하는 딸기나 아이스크림을 낚싯밥으로 사용하지 않고 지렁이를 매다는 이유는 물고기가 지렁이를 좋아하기 때문이다. 물고기와 마찬가지로 사람들도 자신이 원하는 것에만 관심을 기울인다. 그렇기 때문에 타인을 움직이게 하려면 그들이 원하는 것에 대해 이야기하고 어떻게 하면 그것을 얻을 수 있는지를 보여주어야 한다.

예를 들어 아이에게 담배를 피우지 못하도록 하고 싶다면, 설교를 하거나 여러분의 희망사항에 대해 이야기해서는 안 된다. 단지, 담배를 피우면 농구팀에 가입하는데 지장이 있을지도 모르며 100미터 달리기에서 질지도 모른다고 설명해주어야 한다.

여러분이 세상에 태어난 이후부터 지금까지 행해왔던 모든 것은 여러분이 원했기 때문에 했을 것이다. 하다못해 기부를 하거나 아름다운 행위를 하는 것도 여러분이 원했기에 가능했던 일이다.

해리 A. 오버스트리트 교수는 자신의 저서 〈인간의 행동을 지배하는 힘〉에서 이렇게 말했다.

"인간의 행동은 마음속의 강한 욕구로부터 비롯된다. 그러므로 사업에서든 가정, 학교, 정치계에서든 타인을 움직이고 싶다면 타인의 마음에 강한 욕구를 불러일으켜야 한다. 그것을 할 수 있는 사람은 전세계를 얻을 수 있고 그렇게 하지 못하는 사람은 외로운 길을 걸어가게 된다."

전 인생을 통해 정규학교는 4년밖에 다니지 못한 강철왕 앤드류 카네기는 사람을 다루는 법을 잘 알고 있었다. 스코틀랜드 출신의 가난한 노동자로 한 시간에 2센트의 임금을 받았던 카네기는 훗날 사회 각 방면에 모두 3억 6천5백만 달러를 기부할 정도로 거부가 되었는데, 그 바탕에는 '사람을 움직이는 유일한 방법은 그들이 원하는 것에 대해 이야기하는 것'이라는 깨달음이 있었다.

한번은 카네기의 형수가 대학을 다니기 위해 멀리 떠난 두 아들이 편지를 보내도 답장이 없다고 하소연 하자, 카네기는 반드시 답장이 오도록 하겠다고 약속했다. 그리고는 별다른 내용이 없는 편지를 쓴 다음 밑에 추신으로 이렇게 적었다.

“너희들에게 각각 5달러씩 보내마.”

하지만 그는 일부러 돈을 보내지 않았다. 카네기의 조카들은 지체 없이 답장을 보내왔다. 그들은 삼촌이 돈을 보내겠다고 했는데, 왜 돈이 들어있지 않은지 궁금했던 것이다.

누군가를 설득해 그가 어떤 일을 하기를 원한다면 잠시 자기 자신에게 물어보라.

“어떻게 하면 이 사람이 그 일을 하고 싶어하도록 만들 수 있을까?”

상대방이 원하는 것을 알아낸다면 쓸데없이 잔소리를 늘어놓거나 자신의 욕심에 관해 이야기하는 경솔함을 막을 수 있다. 어떤 경우든 여러분이 원하는 것에 대해 한 마디도 말하지 마라. 시종일관 상대방이 원하는 것과 그것을 어떻게 얻을 수 있는지에 대해서만 말하라. 그러면 여러분이 원하는 대로 상대방을 움직일 수 있을 것이다. 만약 여러분이 소리 높여 자신의 이야기를 늘어놓는다면 얻는 것은 논쟁과 싸움뿐이다. 헨리 포드는 훌륭한 인간관계에 대해 이런 충고를 들려주고 있다.

“성공의 유일한 비결은 다른 사람의 생각을 이해하고 당신의 입장과 아울러 상대방의 입장에 서서 사물을 바라볼 줄 아는 능력이다.”

어느 날 아침, 데일 카네기가 지하철역으로 달려가다가 수년 동안 그 지역에서 부동산중개업을 해오고 있는 부동산 업자를 만났다.

"혹시 우리 집의 건축 재료가 무엇인지 알고 있나요?"

카네기가 묻자, 그는 잘 모른다고 하면서 주택협회에 문의해보라고 말했다. 그런데 다음 날, 그는 카네기의 보험문제를 자신에게 맡겨달라는 편지를 보내왔다. 즉, 그는 카네기에게 도움을 주는 문제는 전혀 안중에도 없고 오로지 자신에게 도움이 되는 일에만 관심이 있었던 것이다. 그런 상황에서 부동산업자가 카네기로부터 도움을 얻기란 불가능한 일이었다.

그러면 똑같은 상황에서 두 명의 세일즈맨이 어떤 결과를 얻었는지 살펴보자.

루카스는 작은 회사의 관리직에 있었는데, 그 지역의 보험담당자였던 칼과 존 두 사람에 대해 이렇게 말하고 있다.

"어느 날 아침, 칼이 우리 사무실로 오더니 자기네 회사에서 이번에 새로운 생명보험 상품을 취급하게 되었는데, 아주 좋은 것이라고 하며 좀더 자세한 정보를 알게 되면 다시 한번 들르겠다고 말하고는 가버렸습니다."

칼은 별다른 정보를 주지 못한 채 호기심만 불러일으키고 가버린 것이다. 그런데 같은 날 존이 그의 사무실을 방문하였다.

"존은 우리를 위한 굉장한 뉴스가 있다고 말하고는 그 신상품에 대해 몇 가지 중요한 사실을 말해주더군요. 그런 다음, 보다 구체적인 이야기는 내일 본사에서 사람을 데려와 직접 설명할 테니 신청서에 사인을 해달라고 하더군요. 존의 그러한 열정은 구체적인 내용을 잘 모르는 상황에서도 그 보험에 들고 싶은 욕구를 불러일으켰죠. 다음 날, 정확한 설명을 듣고 난 다음 우리는 존의 말이 모두 사실이라는 것을 알게 되었고 많은 사람이 보험에 가입했습니다. 물론 칼도 우리에게 보험 상품을 팔 수 있었지만, 우리의 욕구를 불러일으키려는 노력을 전혀 하지 않았던 것입니다."

세상은 이기적인 사람들로 가득 차 있다. 그렇기 때문에 이기적인 마음을 버리고 다른 사람을 위해 애쓰는 사람에게는 엄청난 기회가 따른다. 그러한 사람에게는 경쟁상대가 없을 정도다. 저명한 변호사이자 미국 기업계의 지도자인 오웬 영은 이렇게 말했다.

"다른 사람의 입장에 서서 그들의 마음을 움직일 수 있는 사람은 앞으로 자기 앞에 어떤 일이 닥치더라도 조금도 걱정할 필요가 없다."

특히 여러분에게 멋진 생각이 떠올랐을 때 상대방이 그것을 스스로 떠올린 것처럼 해주면, 그 생각을 자신이 떠올린 것처럼 여겨 그 생각을 좋아하고 실행하게 된다. 이것은 아이든 어른이든 마찬가지다.

친구로 만들고 싶다면
그 사람에게 먼저 관심을 보여라

단체사진을 볼 때, 여러분은 누구를 가장 먼저 찾는가? 아마도 여러분 자신일 것이다.

언젠가 뉴욕의 전화회사에서 사람들이 전화통화를 할 때, 가장 많이 쓰는 말이 무엇인지를 조사한 적이 있다. 그랬더니 1인칭 대명사인 '나'라는 말이 가장 많이 쓰였다고 한다. 5백 통화 중에서 무려 3천9백 번이나 쓰였다고 하니 사람들이 자기 자신에 대해 어느 정도로 관심을 기울이는지 충분히 예측할 수 있을 것이다.

하지만 여러분이 다른 사람에게 관심을 기울이거나 혹은 타인으로 하여금 여러분에게 관심을 기울이도록 하지 않는다면 여러분은 결코 친구를 사귈 수 없다.

유명한 심리학자인 알프레드 아들러는 〈당신 인생의 의미는 무엇인가?〉라는 책에서 이렇게 서술하고 있다.

"다른 사람에게 관심이 없는 사람은 살아가면서 가장 많은 어려움을 겪고, 다른 사람에게 가장 많은 해를 끼치는 사람이다. 인간의 모든 실패가 이런 타입에게서 비롯된다."

하워드 더스톤이라는 유명한 마술사는 무대에 오를 때마다 이렇게 다짐한다고 한다.

"나를 보러 사람들이 저토록 많이 와 주다니 얼마나 고마운 일인가! 저들은 내가 하고 싶어하는 일을 하며 살아가도록 도와주는 사람들이므로 최선의 연기를 보여주어야겠다."

그리고는 관중 앞에 나서기 전에 몇 번이고 '나는 관중을 아끼고 사랑하고 있어'라는 말을 되풀이한다고 한다. 우스운 행동이라고 말하는 사람이 있을지도 모르지만, 그것이 바로 더스톤이 위대한 마술가로 성공한 비결이다. 하지만 다른 마술사들은 마술을 시작하면서 관중석을 내려다보며 이렇게 말한다고 한다.

"오늘도 얼빠진 사람들이 많이 모였군. 저런 멍청이들을 속이는 것은 아주 쉬운 일이지."

데어도어 루스벨트 역시 타인에 대한 관심이 대단한 사람이었다. 심지어 정원사나 주방장, 식모의 이름까지도 모두 외워 친근하게 인사를 건네는 아량 때문에 많은 사람이 감동을 받았다고 한다.

진실로 관심을 보이면, 상대가 아무리 바쁜 사람일지라도 그의 관심과 협조를 얻을 수 있다. 공장 노동자든 사무원이든 아니면 한 나라를 통치하는 대통령이든 자신을 존중하는 사람을 좋아하게 마련이다.

제1차 세계대전이 끝나갈 무렵, 독일의 황제는 전 세계적으로 가장 경멸을 받았던 인물로 그가 목숨을 부지하기 위해 네덜란드로 도망갔을 때도 그의 국민은 그를 화형에 처하고 싶어할 만큼 증오했다. 그런데 그토록 격렬한 분노 속에서도 한 어린이가 황제에게 찬미와 존경심을 가득담은 편지를 보내면서 황제를 사랑하고 존경한다고 썼다. 그 편지를 읽고 크게 감동한 황제는 소년을 자기 집으로 초대하였고 훗날 황제는 소년의 어머니와 결혼을 하였다.

친구를 사귀고 싶다면 자기 자신을 버리고 다른 사람을 위해 뭔가를 해주어라. 물론 그런 일에는 시간, 노력, 희생 그리고 사려 깊은 마음이 필요하다. 친구들의 생일이나 기념일을 기억했다가 편지 혹은 메시지를 보내는 것은 놀랄만한 결과를 가져다준다. 전화를 받을 때도 밝고 명랑한 목소리로 응대하면 전화를 건 사람은 상대방이 자신에게 관심을 갖고 있다고 믿게 된다. 이처럼 모든 사람에게 진심으로 관심을 보이면 친구를 사귈 수 있을 뿐 아니라 고객을 단골로 만들 수 있다.

뉴욕의 어느 은행에 근무하는 찰스 월터스는 어떤 회사에 대한 기밀 문서를 작성하는 임무를 맡게 되었다. 관련자를 수소문하던 그는 그

문서작성에 꼭 필요한 정보를 갖고 있는 사람을 찾아가게 되었다. 그가 막 사무실로 들어섰을 때, 그의 비서가 고개를 내밀더니 이렇게 말했다.

"오늘은 우표가 없습니다."

손님에게 해명을 하고 싶었던지 그는 이렇게 설명해 주었다.

"열두 살 먹은 제 아들이 우표수집에 열을 올리고 있지요."

월터스는 자신의 용건을 이야기하고 도움을 요청했지만, 그는 별다른 관심을 보이지 않았다. 할 수 없이 월터스는 빈손으로 나오고 말았는데, 문득 그의 비서가 '우표가 없다'고 했던 말이 머릿속에 떠올랐다. 동시에 자신이 근무하는 은행의 외환계에서 전 세계에서 날아오는 편지의 우표를 모으고 있다는 사실을 기억해낸 그는 즉시 외환계의 도움을 받아 우표를 싸들고 다음 날 다시 그를 찾아갔다.

"아드님께 줄 우표를 가져왔습니다."

"세상에! 우리 아들이 무척이나 좋아하겠군요."

그는 입을 함지박만 하게 벌리면서 열렬하게 악수를 청하며 기뻐하였다. 그렇게 우표와 아들에 대한 이야기를 30분 정도 늘어놓은 그는 자연스럽게 월터스가 원하는 정보를 알려주기 위해 노력했고 직원을 불러 더 물어보더니 자기 친구에게까지 전화를 걸어 이것저것 알려주었다. 월터스는 상대방이 원하는 것을 제공해주고 그야말로 특종기사감이 될만한 정보를 얻게 되었던 것이다.

로마의 저명한 시인 푸블리우스 시러는 이렇게 말했다.

"우리는 우리에게 관심을 기울이는 사람에게만 관심을 보인다."

중요한 것은 여러분의 관심으로 어느 한쪽만 이익을 보는 것이 아니라, 양쪽 모두에게 도움이 되어야 한다는 것이다.

뉴욕에 사는 마틴 긴즈버그는 구호대상자로 작은 아파트에서 어머니와 단둘이 살 무렵, 아무도 찾아오지 않는 외로운 병실을 지키고 있을 때 특별한 관심을 보여준 간호원이 자신의 인생에 커다란 영향을 미쳤다고 말한다. 그녀는 추수감사절이 되었어도 홀로 있어야 하는 그를 위해 칠면조 고기와 감자요리, 크렌베리 소스 등 여러 가지 음식을 챙겨와 함께 이야기를 나누며 그가 잠들 때까지 따뜻한 정성을 보여주었던 것이다.

다른 사람이 여러분을 좋아하기를 원한다면 그리고 진실한 우정으로 그 사람을 도와주고 싶다면 어디까지나 순수한 관심을 기울여야 한다.

05

오랫동안 기억에 남는 인상은
미소 짓는 얼굴!

우리는 간혹 얼굴에 심술궂음과 안하무인의 표정이 역력한 사람이 온갖 화려한 보석과 액세서리로 자신을 치장하고 있는 모습을 보기도 한다. 그들은 얼굴에 나타나는 표정이 입고 있는 옷이나 치장보다 더 중요하다는 사실을 모르는 것이다.

1921년에 앤드류 카네기가 채용한 38세의 찰스 슈왑의 미소는 백만 달러짜리라고 할 정도로 사람을 강하게 사로잡았다. 아마도 슈왑은 그러한 매력 덕분에 사람들의 사랑을 받았고, 또한 그것이 남들이 이루지 못한 커다란 성공을 하도록 만든 계기가 되었을 것이다.

미소에는 '나는 당신을 좋아합니다. 당신은 나를 행복하게 만들어 줍니다. 만나서 반갑습니다' 라는 의미가 담겨있다. 그렇다고 위선적인 미소를 지어서는 안 된다. 여기서 말하는 미소는 어디까지나 진실한 미소, 마음을 녹여주는 미소, 진심에서 우러나오는 미소다.

뉴욕의 어느 대형백화점 사장은 무뚝뚝한 표정의 대학원 출신 여성보다는 초등학교도 제대로 졸업하지 못했지만 상냥한 미소를 지을 줄 아는 여성을 고용하고 싶다고 말한다.

전화를 걸 때도 미소를 지어야 한다. 왜냐하면 미소가 목소리를 통해 상대에게 전달되기 때문이다. 미시건 대학의 제임스 맥코넬 심리학 교수는 미소에 대해 이렇게 말한다.

"미소 지을 줄 아는 사람은 경영이든 가르치는 일이든 판매든 그 어떤 일이든 보다 효과적으로 할 수 있으며 아이를 더 행복하게 기를 수 있다. 찡그린 얼굴보다는 미소 띤 얼굴이 훨씬 더 의미가 있는 것이다. 그러므로 벌을 주는 것보다는 격려해주는 것이 보다 효과적이다."

증권회사에 다니는 윌리엄 스타인하트는 결혼한 지 18년이 된 사람으로 아침에 일어나 출근할 때까지 아내에게 웃음을 보이거나 말을 걸어본 적이 거의 없었다.

그러던 어느 날 아침, 머리를 빗으면서 거울 속에 비친 무뚝뚝한 자신의 표정을 보며 '이건 아니다' 라는 생각이 든 그는 억지로라도 웃어보아야겠다는 결심을 했고 식탁에 앉아 미소를 지으며 아내에게 말했다.

"잘 잤소?"

처음에 그의 아내는 무척 당황스러운 표정을 지었지만, 얼마 지나지 않아 그의 집안에는 웃음꽃이 만발하게 되었다고 한다. 그렇게 미소의 효과를 본 스타인하트는 사무실로 출근할 때, 만나는 모든 사람에게 반갑게 미소를 지으며 인사하였고 이후로 일처리가 훨씬 더 원활해졌다고 한다.

그는 자신의 변화에 대해 이렇게 말한다.

"미소는 날마다 돈을 많이 벌 수 있도록 해줍니다. 제 인상은 완전히 바뀌었고 웃을 때 참으로 인간적으로 보인다는 말을 듣고 있습니다. 그리고 저는 비난을 삼가고 그 대신 칭찬과 감사의 말을 하는데 이후로 제 주변에는 우정과 행복이 넘쳐나고 있습니다."

미소 짓는 일이 어려운가?

정말로 미소 지을 일이 없더라도 억지로 휘파람이나 콧노래를 불러보도록 하라. 여러분이 행복한 것처럼 행동한다면 여러분은 정말로 행복해질 수 있다.

심리학자이자 철학자인 윌리엄 제임스는 이렇게 말했다.

"설사 유쾌한 상태가 아닐지라도 이미 유쾌한 것처럼 행동하고 말한다면 정말로 기분이 유쾌해진다."

사람은 누구나 행복을 원한다.

그것은 그리 어려운 일이 아니다. 단지 여러분의 생각만 조절하면 된다. 행복은 외부조건에 달려있는 것이 아니라, 자신의 마음자세에 달린 것이기 때문이다. 여러분의 행복과 불행은 재산이나 지위, 거주지, 직업에 달려있는 것이 아니다. 그것은 여러분이 생각하기 나름이다.

열대지방에서 원시적인 도구로 열심히 땀을 흘리며 살아가는 가난한 농부도 대도시의 냉방시설이 잘 되어 있는 사무실에서 일하는 사람들과 마찬가지로 행복을 느낄 수 있다.

셰익스피어의 말은 많은 것을 생각하게 한다.

"세상에는 좋고 나쁜 것이 없다. 다만, 생각이 그렇게 만들 뿐이다."

또한 에이브러햄 링컨의 "우리의 행복은 마음먹기에 달려 있다"는 말도 비슷한 의미를 지니고 있다.

여러분의 미소는 호의를 전달하는 심부름꾼이다. 그것은 지금까지 인상을 찌푸리며 외면하는 얼굴을 보아온 사람들에게 따뜻한 햇볕과 같은 역할을 한다. 특히 직장상사, 고객, 선생님이나 부모님, 아이들에게 시달림을 받고 있는 사람에게 미소는 '인생에 절망만 있는 것이 아니라 기쁨도 있다' 는 사실을 깨닫게 해준다.

미소는 아무런 대가도 치르지 않고 많은 것을 이뤄낸다.

미소는 받는 사람의 마음을 풍족하게 해주지만 주는 사람의 마음을 가난하게 만들지 않는다.

미소는 순간적으로 일어나지만 미소에 대한 기억은 때로 영원히 지속된다.

미소 없이 살아갈 수 있을 만큼 부자인 사람이 없고 그 혜택을 누리지 못할 만큼 가난한 사람도 없다.

미소는 가정의 행복을 만들고 사업에서 호의를 베풀게 하며 우정의 표시로 나타난다.

미소는 지친 사람에게는 안식이고 절망에 빠진 사람에게는 햇빛이며 슬픈 사람에게는 태양이다.

미소는 모든 문제에 대한 자연의 묘약이다.

하지만 미소는 살 수도 구걸할 수도 빌리거나 훔칠 수도 없다. 왜냐하면 미소는 누구에게 주기 전에는 아무런 쓸모가 없기 때문이다.

06

이름을 기억해주면 마술이 일어난다

1932년, 프랭클린 루스벨트의 선거유세 운동을 성공적으로 이끌어 루스벨트가 백악관의 주인이 되는데 크게 기여한 짐 팔리는 마흔여섯이 되기도 전에 네 개의 대학에서 학위를 수여받았고 민주당 전국위원회 의장과 체신부장관이 되었다.

어느 기자가 고등학교의 문턱도 밟아보지 못한 그에게 성공비결을 묻자, 이렇게 대답했다.

"그저 열심히 일했을 뿐입니다."

"뭔가 다른 것이 있지 않나요?"

그러자 그는 오히려 기자에게 되물었다.

"당신은 나의 성공비결이 무엇이라고 생각합니까?"

"당신은 수천 명의 이름을 기억하고 있다고 하던데요."

"아니, 틀렸소. 5만 명의 이름을 기억하고 있다오."

그는 새로운 사람을 만날 때마다 그 사람의 성과 이름, 가족, 하고 있는 일, 정치적 견해 등을 알아낸 다음 마음속에 그림을 그리듯 새겨 두었다가 다음에 그 사람을 만났을 때 얼마나 시간이 흘렀을지라도 그의 가족 안부를 묻거나 뒤뜰에 피었다던 접시꽃에 대해 물었다고 한다.

그의 지지자가 늘어나는 것은 어쩌면 당연한 결과라고 할 수 있다.

그는 루스벨트가 선거유세를 하기 몇 달 전부터 하루에 수백 통의 편지를 써서 서부 및 서북부 지역의 사람들에게 보냈고 직접 방문하기도 하면서 흉금 없이 마음을 터놓고 대화를 주고받았다. 그리고 자신이 만난 모든 사람의 명단을 작성한 다음 일일이 정감어린 편지를 보내 사람들을 기쁘게 해주었다.

그가 보내는 편지는 항상 '친애하는 빌' 이나 '제인' 으로 시작되었고 편지의 끝에는 '짐' 이라는 서명이 되어 있었다. 즉, 그는 사람들이 자신의 이름에 매우 관심이 높다는 것을 알고 그것을 충분히 활용했던 것이다.

사람들의 이름을 잘 기억하고 자주 불러주어라. 그러면 당신은 상대방과 매우 친해질 수 있을 것이다. 하지만 이름을 잊거나 잘못 사용하면 곤란한 지경에 처하고 만다.

미국의 철강왕 앤드류 카네기는 한때 펜실베이니아 철도회사에 강철레일을 팔기 위해 이름을 철저히 이용했다. 그는 그 철도회사의 사장이 에드가 톰슨이라는 것을 알고 피츠버그에 거대한 강철공장을 건립하면서 그 공장의 이름을 '에드가 톰슨 강철공장'이라고 붙였던 것이다.

그러면 펜실베이니아 철도회사에서 강철레일을 필요로 할 때, 에드가 톰슨이 어느 회사에서 레일을 구입할 것이라고 생각하는가? 당연히 자신의 이름이 붙은 공장을 이용할 것이다.

카네기가 침대열차 사업으로 조지 풀만과 치열하게 경쟁을 벌일 무렵, 두 회사는 납품에 성공하기 위해 서로 가격을 깎아내려 두 회사 모두 이익을 볼 수 없는 상황까지 내리닫고 말았다.

그러던 어느 날, 한 호텔에서 풀만을 만난 카네기가 말했다.

"안녕하십니까? 풀만 씨! 그런데 우리 서로 바보짓을 하고 있는 것 아닙니까?"

"무슨 말씀이오?"

그때, 카네기는 서로 반목하지 않고 협조하여 얻을 수 있는 이익에 대해 진지하게 털어놓았다. 풀만은 주의 깊게 귀를 기울였지만 완전히 확신하는 눈빛은 아니었다. 그러더니 그가 갑자기 카네기에게 물었다.

"새 회사의 이름을 뭐라고 지을 건가요?"

그 질문에 카네기는 주저하지 않고 대답했다.

"아, 네. 풀만 팔레스 차량회사라고 할 겁니다."

그러자 풀만은 갑자기 얼굴빛이 환해지면서 이렇게 말했다.

"제 방으로 가서 좀더 진지하게 얘기해봅시다."

사람들은 자신의 이름을 매우 자랑스럽게 여기기 때문에 어떤 대가를 치르더라도 그 이름을 영원히 남기고 싶어한다. 프랑스의 황제이자 나폴레옹의 조카였던 나폴레옹 3세는 만나는 사람들의 이름을 모두 기억하기 위해 상당히 노력한 인물로 유명하다. 그는 이름을 똑똑히 듣지 못했을 경우에는 '미안하네. 이름을 제대로 알아듣지 못했네' 라고 말하여 다시 한번 더 듣고 특이한 이름일 경우에는 '어떻게 쓰는가?' 라고 물어보기도 하였다. 그리고 대화를 하는 동안 일부러 몇 번이고 이름을 반복해서 말해보고 자신의 마음속에 이름과 그 사람의 특징, 표정, 전체적인 모습을 연관시키려 노력하였다. 특히 중요한 사람일 경우에는 이름을 종이에 기록한 다음 신경을 집중시켜 마음에 새겨넣고 그 종이를 찢어버렸다고 한다.

이름을 기억하고 사용하는 일은 누구에게나 필요한 것이다.

인디애나 주 제너럴모터스 사의 종업원인 캔 노팅햄은 주로 회사의 구내식당에서 점심을 먹었는데, 계산대에서 일하고 있는 여성이 늘 얼굴을 찡그리고 있음을 발견하고는 그녀의 이름표를 주의 깊게 살펴보았다. 그리고는 다음 날 밝게 웃으며 '안녕, 유니스!' 하고 인사를 건네자, 평소에는 깐깐하게 저울에다 일일이 달아서 음식을 조금씩 주던 그녀는 아예 달아보지도 않고 접시 가득 넘치도록 음식을 담아주며 미소를 지었다.

상대방의 이름을 불러주면 마술같은 일이 생긴다. 이름은 개개인을 차별화하며 다른 많은 사람 중에서 독특한 존재로 만들어주기 때문이다. 그러므로 당사자에게는 자신의 이름이 그 어느 것보다 기분좋고 중요한 말이라는 것을 늘 기억해야 한다.

이름을 불러주는 것은 사람을 다루는데 있어 마술적인 힘을 발휘한다.

07.

대화에서는
70%를 듣고 30%만 말하라

언젠가 어느 파티에 초대를 받은 카네기는 그곳에서 저명한 식물학자를 만나게 되었다. 이국적인 식물에 대한 이야기와 새로운 식물의 품종을 개발해내기 위한 실험 그리고 실내정원 등에 대해 흥미로운 이야기를 듣게 된 카네기는 다른 손님이 10여 명이나 더 있었음에도 불구하고 그 식물학자와 단둘이 자정이 될 때까지 이야기를 나누었다. 물론 카네기는 식물에 대해 아는 것이 거의 없었으므로 주로 이야기를 들어주는 입장이었다.

이윽고 파티가 끝나고 돌아가게 되었을 때, 그 식물학자는 파티를 열어준 주인에게 "카네기 씨는 흥미로운 재담꾼이군요"라고 말하면서 카네기에 대해 이것저것 물었다고 한다. 사실 카네기는 식물학자와의 대화에서 거의 아무 말도 하지 않았다. 아니, 하고 싶어도 식물에 대해 아는 것이 없어서 말을 할 수가 없었다. 단지 그가 했던 것은 식물학자의 이야기를 진지하게 들어준 것뿐이었다.

경청하는 태도는 우리가 타인에게 보여줄 수 있는 최고의 찬사 중 하나다.

그렇다면 사업상의 면담을 성공적으로 이끄는 비결은 무엇일까? 여기에 대해 전 하버드대학 총장이던 찰스 엘리어트는 이렇게 말한다.

"성공적인 사업상의 상담에 특별한 비결은 존재하지 않는다. 무엇보다 상대방의 이야기에 주의를 집중하는 것이 중요하다. 이보다 더한 찬사는 없다."

시카고에 있는 한 백화점에서 매년 수천 달러어치의 상품을 구매하는 더글러스 부인이 점원에게 바겐세일을 할 때 구입한 코트를 교환해 달라고 말했다. 그러자 점원은 짜증을 내며 더글러스 부인의 불만이 무엇인지 듣는 것조차 거부하였다.

"바겐세일을 할 때 구입한 물건은 반품이 되지 않습니다. 흠이 있으면 고쳐서 쓰세요."

"아무리 세일을 할 때 구입했을지라도 하자가 있는 물건은 반품을 받아주셔야죠."

"저희도 어쩔 수 없습니다. 반품은 절대 안 됩니다."

더글러스 부인은 두 번 다시 그 백화점에 오지 않겠다고 단단히 벼르고는 잔뜩 화가 난 표정으로 발길을 돌렸다. 그때, 오랜 단골손님을 알아본 그 백화점의 지배인이 다가와 반갑게 인사를 하였다. 부인은 곧바로 지배인에게 자신이 당한 억울함을 호소하였다. 그러자 지배인은 그녀의 이야기를 끝까지 경청한 다음 조심스럽게 코트를 살펴보고는 이렇게 말했다.

"바겐세일은 철지난 제품을 싸게 판매하는 것이라 원칙적으로는 반품이 안 됩니다. 하지만 하자가 있는 물건일 경우에는 예외입니다. 그러니 부인이 원하신다면 현찰로 돌려드리겠습니다."

만약 지배인이 그 부인을 만나지 못했더라면 그 백화점은 단골고객을 영원히 잃어버렸을지도 모른다.

타인의 이야기를 경청하는 것은 사업에서뿐 아니라 가정에서도 대단히 중요하다.

뉴욕에 사는 밀리 에시포시토 부인은 어느 날 아들에게 이런 말을 들었다.

"엄마, 난 엄마가 나를 무척 사랑한다는 것을 알고 있어요."

"물론 엄마는 너를 무척 사랑한단다. 그것을 의심하고 있었니?"

"아뇨. 나는 엄마가 나를 정말로 사랑한다는 것을 알고 있어요. 엄마는 무슨 일을 하다가도 일손을 멈추고 내 말을 끝까지 들어주시잖아요."

데트머 모직회사가 창립한 지 얼마 안 되었을 때의 일이다.

하루는 데트머 회사로부터 미결제분에 대해 여러 번 독촉장을 받은 한 고객이 화가 머리끝까지 나서 시카고로부터 달려와 두 번 다시는 데트머 회사와 거래하지 않겠다고 으름장을 놓았다. 당시 데트머 사의 사장이었던 줄리안 데트머는 고객의 말을 끝까지 들어준 다음, 그가 말을 마쳤을 때 이렇게 말했다.

"그런 일을 알려주시기 위해 멀리 시카고로부터 여기까지 와주셔서 감사합니다. 만약 우리 회사의 신용판매부가 당신을 그토록 괴롭혔다면 다른 사람도 그런 괴로움을 당했을지도 모르는 일입니다. 그렇다면 정말로 큰일이지요. 그 사실을 알려주어 정말로 고맙습니다."

그러자 한바탕 싸움이라도 하려고 달려왔던 그 고객은 당혹스런 빛을 감추지 못했다. 그 모습을 지켜보던 데트머는 그가 보는 앞에서 부하직원에게 지시를 하였다.

"당장 이 고객의 미결제분을 삭제하게. 이 분은 매우 꼼꼼한 분이고 우리는 수천 명의 고객을 상대하지만 이 분은 자신이 거래하는 것만 취급하니까 우리가 실수했을 확률이 높네."

그리고는 다시 고객을 바라보며 이렇게 말했다.

"제가 당신의 입장이었어도 틀림없이 화가났을 것입니다. 이제 더 이상 우리 회사와 거래하지 않으시겠다고 했으니, 제가 다른 모직회사를 추천해드릴까요?"

데트머는 전과 다름없이 고객과 함께 점심식사를 했는데, 그 고객은 식사를 마친 다음 전보다 더 많은 양의 물건을 데트머 사에 주문하였다. 그런데 얼마 지나지 않아 그는 서류를 다시 검토해보다가 잘못 계산된 송장을 발견했다고 하면서 사과편지와 함께 말썽이었던 미결제분의 돈을 보내주었다. 이후 그들은 그 고객이 죽을 때까지 22년 동안 가까운 친구로 지내며 서로 도움을 주고받았다고 한다.

만약 당신이 사람들로 하여금 당신을 피해 다니게 만들고 등 뒤에서 당신을 비웃고 경멸하게 만들 방법을 찾고 있다면 이렇게 하라. 누구의 말이든 절대로 오랫동안 듣지 마라. 쉴 새 없이 자신의 이야기만 떠들어대라. 그리고 다른 사람이 말을 끝내기도 전에 좋은 생각이 떠오르면 남의 말을 중단시키고 자기 말을 하라.

컬럼비아 대학의 총장이던 니콜라스 머레이 버클러 박사는 이렇게 말했다.

"학력 수준에 상관없이 자기 일만 생각하는 사람은 교양이 없는 사람이다."

당신과 이야기하고 있는 사람은 당신이나 당신의 문제보다 자신과 자신의 문제에 대해 몇 백 배나 더 관심이 있다는 사실을 기억하라. 수백만 명을 굶어죽게 만든 아프리카의 기근보다 자기 자신의 치통이 더 중요한 법이다. 아랍의 지진보다 목에 돋은 종기가 그 사람에게 더 심각한 일이다.

남의 말을 잘 들어주는 사람이 되어라.

08

'난 정말 이 세상에 꼭 필요한 사람이야' 라는 느낌을 갖게 하라

"나도 당신처럼 머리카락에 윤기가 흘렀으면 좋겠군요."

"패션감각이 뛰어나시군요."

"립스틱의 색이 정말 잘 어울립니다."

간단하고 작은 것일지라도 상대방에게 성실한 관심을 보이면 상대는 매우 기뻐한다. 남에게 대가를 바라지 않고 작은 행복일망정 함께 나누고 약간의 정직한 칭찬을 전달한다면 이 사회는 보다 밝아질 수 있다.

인간의 행동에서 중요한 한 가지 법칙은 '다른 사람으로 하여금 자신이 이 세상에 꼭 필요한 사람이라는 느낌이 들게 하라' 는 것이다. 인간관계의 법칙에 대해 수천 년에 걸쳐 연구를 해온 철학자들은 아주 중요한 한 가지의 교훈을 얻게 되었다.

2천5백 년 전, 페르시아에서 조로아스터는 그의 추종자들에게 '남에게 대접받고자 한다면 먼저 남을 대접하라.' 고 가르쳤고 2천4백 년 전 중국에서 공자는 그것을 강의하였다. 도교의 시조인 노자 역시 그것을 제자들에게 가르쳤고 그리스도 탄생 5백 년 전에 석가모니는 갠지스 강 기슭에서 그것을 가르쳤다. 예수 역시 19세기 전에 유대의 바위산 위에서 이 세상에서 가장 중요한 법칙인 그것을 가르쳤다.

캘리포니아에서 미술교사로 있는 로널드 롤랜드는 매우 내성적이고 매사에 자신감이 없던 크리스에게 단 한 마디로 자신감을 불어넣어주었다. 그 학교에서는 초급반에서 인정을 받아야만 고급반으로 갈 수 있는데 고급반으로 가는 것은 모든 아이들의 소망이었다.

어느 날, 실습시간에 열심히 작업을 하고 있는 크리스 곁으로 다가간 롤랜드는 이렇게 물었다.

"고급반에 올라가고 싶니?"

수줍어하던 크리스는 감격에 겨워 간신히 눈물을 참으며 이렇게 대답했다.

"저 말입니까, 롤랜드 선생님? 제가 그렇게 잘할 수 있을까요?"

"그럼. 너에게는 그만한 재능이 있단다."

그날 크리스는 자신감이 가득 찬 걸음걸이로 교실을 나갔고 문 앞에서 반짝이는 눈으로 롤랜드 선생을 쳐다보며 말했다.

"고맙습니다, 선생님!"

이후 롤랜드는 '나는 중요한 존재다' 라는 표어를 써서 교실 앞에 붙여놓았다. 아이들에게 자신감을 불어넣어주는 것은 물론 롤랜드 자신이 그것을 볼 때마다 학생 하나하나가 소중한 존재라는 것을 상기하기 위해서다.

대다수의 사람이 어떤 점에서는 자신이 타인보다 뛰어나다고 느낀다. 그러므로 상대의 마음을 확실하게 사로잡는 방법은 그들이 뛰어나다고 느끼는 것을 은연중에 격려해주고 그 중요성을 인정해주는 것이다.

어느 날, 루이스 앤드 발렌타인 조경회사의 지배인인 도널드 맥마흔은 어느 유명한 법률가의 저택에서 조경공사를 해주고 있었다.

"이쪽과 저쪽에 만병초와 아잘레아를 심어주시오."

집주인이 이렇게 요구하자, 맥마흔이 말했다.

"판사님껜 아주 좋은 취미가 있군요. 개들이 참으로 멋집니다. 매디슨 스퀘어가든에서 매년 열리는 개 콘테스트에서 많은 상을 타셨다고 하던데…"

"그래요. 개들 때문에 좋은 일이 많았지요. 한번 보여드릴까요?"

집주인은 거의 한 시간에 걸쳐 개들을 보여주었고 여러 가지 상패와 개의 혈통에 대해 설명해주었다. 그렇게 한참이나 개에 대해 자랑을 하던 집주인이 물었다.

"혹시 나이 어린 자녀가 있습니까?"

"네. 아들이 하나 있습니다."

"그 아이가 강아지를 좋아하나요?"

"무척 좋아하지요."

"그래요? 그럼 내가 한 마리 드리리다."

그러더니 강아지의 혈통이 적힌 족보도와 키우는 방법에 대해 기록한 종이를 건네주었다. 맥마흔은 그의 취미에 대한 칭찬 한 마디로 수백 달러의 가치가 있는 강아지 한 마리와 한 시간 반이라는 법률가의 귀중한 시간을 얻을 수 있었던 것이다.

상대방에 대해 이야기하라.

상대방이 관심있어 하는 것에 대해 흥미를 보여라.

사람은 누구나 자기 자신에 대해 가장 큰 관심을 보인다. 더불어 자신의 관심사에 관심을 보이는 사람에게 호의적이다. 영국의 재상을 지낸 디즈레일리는 이렇게 말했다.

"사람들에게 그들 자신에 관한 이야기를 하라. 그러면 그들은 몇 시간일지라도 귀를 기울일 것이다."

상대방의 행동과 말에 집중하면 그는 자신이 매우 중요한 인물이라고 생각하게 된다. 자신을 인정하고 중요하게 생각해주는 사람 앞에서 마음을 열지 않을 사람이 어디 있겠는가. 진지하고 성실한 태도로 상대방에게 집중하라.

09

논쟁에는 승리자가 없다

어떤 사람도 논쟁에서 이길 수 없다. 왜냐하면 논쟁에서 지면 말 그대로 지는 것이고, 이긴다고 해도 지는 것이기 때문이다. 설사 당신이 논쟁에서 이겼다고 치자. 그래서 어쨌다는 것인가? 비록 당신은 기분이 좋을지 모르지만, 상대방은 열등감을 느끼고 자존심에 상처를 입어 당신의 승리를 혐오할 것이다. 그리고 자신의 의사와 반대로 설득을 당한 사람은 끝까지 자신의 의견을 지키게 된다.

트럭 세일즈맨인 패트릭 오헤어는 고객과 대화를 할 때, 상대방이 자기 회사의 차에 대해 조금이라도 나쁜 점을 이야기하면 버럭 화를 내거나 심지어 멱살까지 잡기도 하였다. 그런 오헤어는 논쟁에서 늘 이겼고, 비록 물건을 팔지는 못했지만 확실히 본 때를 보여주었다.

그런데 시간이 흐를수록 자신의 실적에 빨간불이 켜지자 심각하게 고민을 하던 오헤어는 자신의 말하는 태도에 문제가 있음을 깨닫게 되었다. 무엇보다 말을 삼가고 논쟁을 피해야만 했던 것이다. 결국 그는 카네기 강좌를 수강했고 말하는 법에 대해 배우게 되었다. 이후, 그는 고객의 반발에 대응하는 유연한 자세로 뛰어난 세일즈맨으로 거듭나게 되었다고 한다.

"화이트 트럭에 대해 소개하려고 왔습니다."

"뭐요! 화이트 트럭이라고? 필요없소. 월드 후지트 트럭이 훨씬 더 낫단 말이오."

"그렇죠. 월드 후지트 트럭은 확실히 우수합니다. 물건을 보는 눈이 높으시네요. 그 트럭은 매우 훌륭하고 또한 훌륭한 사람들이 판매하고 있죠."

오헤어가 고객의 거부반응을 그대로 수용하면 대다수의 고객은 할 말을 잃게 마련이다. 오헤어는 그렇게 고객에게 동조하여 고객의 입을 막은 다음 화이트 트럭의 장점에 대해 말했던 것이다.

"고객과 논쟁을 벌이면 벌일수록 나의 고객은 경쟁업체의 제품을 더욱 감싸게 마련이지요. 고객과 논쟁을 벌여온 지난 몇 년의 시간이 부끄러울 따름입니다. 이제는 아예 입을 다물고 지냅니다. 그러니까 오히려 득이 되더군요."

벤자민 프랭클린은 이렇게 말했다.

"만약 당신이 사람들에게 따지고 반박하여 상처를 준다면 때로 승리할 수도 있다. 하지만 그것은 공허한 승리에 지나지 않는다. 왜냐하면 당신은 결코 상대방으로부터 마음에서 우러나는 호의를 얻어낼 수 없을 것이기 때문이다."

당신은 마음에도 없는 승리를 원하는가?

당신은 죽을 때까지 옳을 수도 있고 적어도 말다툼을 하는 동안에는 백 번 옳을 수도 있다. 하지만 당신은 결코 상대방의 마음을 바꿔놓을 수 없을 것이다.

소득세상담원인 프레드릭 파슨스는 9천 달러의 돈이 걸린 일을 놓고 세무서 직원과 한 시간 동안이나 실랑이를 벌이고 있었다. 먼저 파슨스가 열을 올리며 말했다.

"9천 달러는 사실상 악성채권이므로 세금을 매겨서는 안 됩니다."

"이게 어째서 악성채권이라는 거요? 세금을 내야 합니다."

세무서 직원의 고집도 만만치 않았다. 논쟁을 벌이면 벌일수록 세무서 직원은 점점 마음의 문을 닫아버렸고, 한참이나 실랑이를 하던 파슨스는 이대로는 안 되겠다는 생각에 방법을 바꾸기로 마음먹었다.

"이 문제는 당신이 내려야 할 중요하고도 어려운 결정에 비하면 아주 사소한 것이라는 생각이 드는군요. 저도 조세에 대해 공부한 적이 있습니다만 그것은 어디까지나 책을 통해 얻은 알량한 지식에 지나 않습니다. 하지만 당신은 최일선에서 경험을 통해 우수한 지식을 터득했을 것입니다. 상당히 부럽군요.”

그러자 고집불통이던 세무서 직원은 자세를 바꾸더니 자신이 적발해낸 교묘한 부정행위와 자신이 하는 일에 대해 장황하게 늘어놓았다. 그러더니 점점 목소리가 부드러워지면서 자신의 아들에 관해서도 들려주었고 이윽고 자리에서 일어서며 좀더 고려를 해본 후에 며칠 내로 결정해서 알려주겠다고 말했다.

사흘이 지난 뒤, 세무서 직원은 전화를 걸어 이렇게 말했다.

“9천 달러에 세금을 매기지 않기로 했습니다.”

그 세무서 직원은 단지 자신이 더 우월하다는 것을 입증하고 싶어 논쟁을 벌인 것이다. 그래서 일단 자신이 인정을 받자 호의적인 자세로 변했던 것이다.

논쟁은 결코 논쟁으로 없어지지 않는다. 논쟁은 재치나 수완, 화해 그리고 다른 사람의 입장을 충분히 이해하고 공감하려는 마음에서 없어지는 법이다.

언젠가 링컨은 자신의 동료와 격렬하게 논쟁을 벌이던 어느 젊은 장교에게 이렇게 말했다.

“개와 싸움을 하다가 개에게 물리는 것보다는 개에게 길을 비켜주는 것이 더 나은 법이네. 설사 그 개를 죽인다 할지라도 물린 상처가 아물지 않을 테니까 말일세."

〈비츠 앤드 피시즈〉지는 논쟁을 벌이지 않는 방법에 대해 다음과 같이 제안하고 있다.

- ▶ 의견이 서로 다를 수도 있음을 인정한다. 두 사람의 의견이 항상 일치한다면 두 사람 중 한 사람은 필요 없는 인물임을 기억한다.
- ▶ 맨 처음에 본능적으로 떠오른 느낌을 믿지 마라. 그것은 아마도 자신을 변호하려는 태도일 것이다.
- ▶ 자신의 감정을 조절한다.
- ▶ 먼저 귀 기울여 듣는다. 상대방의 말을 충분히 들어본 다음 동의할 만한 부분을 찾아내 이해의 다리를 만들어야 한다.
- ▶ 실수를 인정하고 사과한다.
- ▶ 상대방의 생각을 심사숙고하여 신중히 검토하겠다는 약속을 한다.
- ▶ 상대방의 관심에 진심으로 감사를 표한다.
- ▶ 좀더 검토해볼 시간을 갖기 위해 자신의 행동을 뒤로 미룬다.

논쟁에서 최선의 결과를 얻을 수 있는 유일한 방법은 그것을 피하는 것이다. 직접적으로 부딪쳐 논쟁을 벌인다면 대화는 없어지고 단지 소란과 흥분만 남게 될 뿐이다. 그리고 논쟁을 벌인 양쪽 모두 아무것도 얻을 수 없다.

10.

‘내가 옳고 너는 틀렸어’ 라고
말하지 마라

20세기의 가장 뛰어난 인물 중 하나인 데어도어 루스벨트가 대통령으로 재임하고 있을 때, 이렇게 고백한 적이 있다.

“내 생각의 75퍼센트가 옳은 것이라면 더 이상 바랄 것이 없겠다.”

만약 당신에게 자기 생각에 대해 55퍼센트의 확신만 있어도 당신은 월스트리트에서 하루에 1백만 달러를 벌어들일 수 있을 것이다. 그 정도의 확신도 없다면 애써 다른 사람이 틀렸다고 주장할 필요는 없다. 왜냐하면 당신이 상대방의 지성, 판단, 자만심 그리고 자존심을 모두 건드린다면 그들도 당신에게 반격을 가하고 싶어할 것이기 때문이다. 그러면서 그들은 자신의 생각을 바꾸려는 마음은 조금도 없다. 아무리 칸트나 플라톤이 모든 논리를 동원하여 설명을 할지라도 상대방의 의견은 변하지 않을 것이다.

절대로 '이것을 증명해 보이겠다' 라는 말로 시작하지 마라. 이것은 '내가 당신보다 똑똑하니 나의 이야기를 들어보고 당신의 생각을 바꿔라' 라고 말하는 것과 같다. 이런 말은 듣는 사람으로 하여금 당신이 말을 꺼내기도 전에 당신과 싸우고 싶도록 만들 뿐이다.

알렉산더 포프는 이렇게 말했다.

"사람을 가르칠 때는 가르치지 않는 것처럼 하면서 가르치고 새로운 사실을 제안할 때는 마치 그 사람이 잊었던 것을 다시 떠올린 것처럼 제안하도록 하라."

당신은 상대방이 스스로 발견하도록 도와주기만 하면 된다. 결코 당신의 현명함을 상대방이 눈치채도록 해서는 안 된다. 만약 상대방이 틀린 말을 할 경우에는 "글쎄요. 나는 그렇게 생각하지 않지만 내 생각이 틀렸을 수도 있겠죠. 만약 내 생각이 틀렸다면 올바르게 고치고 싶습니다. 이 문제를 다시 한번 검토해 봅시다."라고 말하라.

이런 말에 반박하고 나설 사람은 아무도 없다. 이렇게 하면 모든 논쟁이 중단되고 상대방은 당신처럼 공평해지고 솔직해지고 너그러운 마음을 갖게 될 것이다. 어쩌면 상대방이 자기 생각이 틀릴지도 모른다고 인정할지도 모른다.

논리적인 사람은 아무도 없다. 대다수의 사람들은 편견을 가지고 있거나 생각이 한쪽으로 치우쳐 있게 마련이다. 그리고 질투, 선입견,

부러움, 의심, 두려움, 자만심 등으로 인해 우리의 판단은 대부분 흐려져 있다. 그러므로 누군가의 생각이 틀렸다고 말하고 싶다면 제임스 하비 로빈슨 교수가 〈정신의 발달과정〉에서 서술했던 내용을 상기하도록 하라.

"우리는 아무런 저항이나 별다른 감정 없이 생각을 바꾸기도 하지만, 만약 누군가가 잘못을 지적하기라도 하면 분개하며 고집을 부린다. 믿음을 형성하는 데는 놀라울 정도로 경솔하지만, 누군가가 그 믿음을 빼앗아가려고 하면 그 믿음에 대해 쓸데없이 집착하는 것이다. 우리에게 소중한 것은 생각 그 자체가 아니라 다른 사람들로부터 도전받는 우리의 자존심이다."

비웃음과 비난으로는 그 누구도 설득할 수 없다.

젊은 시절에 따지기 좋아하고 늘 남을 비난하곤 했던 벤자민 프랭클린은 어느 날 한 친구로부터 이런 충고를 듣게 되었다.

"자네는 자네와 생각이 다르다는 이유만으로 상대를 모욕하고 있어. 자네가 너무 공격적이라 자네를 좋아하는 사람이 없지 않은가. 그리고 자네가 너무 유식한 척을 해서 아무도 자네와 말을 하려 하지 않네. 계속 그런 식으로 나간다면 지금 알고 있는 지식 외에는 더 이상 발전할 수 없을 걸세."

프랭클린은 친구의 충고를 겸허하게 받아들였고 이후 거만하고 독선적인 태도를 바꾸기 위해 부단히 노력하여 미국 역사상 가장 유능하고 온화하며 사교에 능한 사람으로 거듭나게 되었다.

벤자민 프랭클린은 자신의 태도에 대해 이렇게 말한다.

"저는 남의 의견을 정면으로 반대하거나 제 의견을 단정적으로 말하지 않습니다. 그 대신 '~라고 생각합니다' 라거나 '~로 여겨집니다' 혹은 '~인 것 같습니다', '지금은 ~라고 생각합니다' 라는 식으로 말합니다. 누군가가 잘못된 의견을 펼칠지라도 그 자리에서 엉터리임을 밝히지 않고 '어떤 경우에는 당신의 생각이 옳을지도 모르지만 지금 내 생각은 조금 다릅니다' 라고 말합니다. 저는 그런 태도가 많은 이익을 가져다준다는 것을 알게 되었습니다."

실제로 비즈니스 세계에서는 상대방이 틀렸다고 직설적으로 꼬집는 태도만 고쳐도 금전적으로 상당한 이익을 볼 수 있다. 상대방은 이쪽에서 인정을 해주는 것만으로도 마음을 열고 우호적인 태도를 보이는 것이다. 그러므로 사람들을 판단할 때는 당신의 기준이 아니라 상대방의 기준으로 판단해야 한다.

언젠가 남부동맹의 의장인 제퍼슨 앞에서 로버트 E. 리 장군이 어느 장교에 대해 입에 침이 마르도록 칭찬하였다. 그러자 그 자리에 함께 있던 한 장교가 넌지시 리 장군의 곁으로 다가와 말했다.

"아니, 장군님께서 그토록 칭찬하고 있는 장교가 틈만 나면 장군님을 중상모략하고 있다는 것을 모르십니까?"

"알고 있네. 하지만 의장께서는 그 장교에 대한 나의 의견을 물은 것일세. 나에 대한 장교의 태도를 물은 것이 아니라네."

절대로 당신의 배우자나 고객, 적들과 논쟁하지 마라. 그들의 생각이 틀렸다는 말도 하지 말고 그들을 화나게 만들지도 마라. 그냥 상대방을 있는 그대로 인정하라. 입장을 바꿔 생각해 보면 이해 못할 것은 아무것도 없다. 결코 면전에 대고 '당신이 틀렸다' 라고 말하지 마라.

상대방의 의견을 존중하라.

용서를 받는 지름길은
잘못을 인정하는 것이다

자신에게 잘못이 있다는 것을 안다면 상대방이 뭐라고 말하기 전에 먼저 잘못을 인정하는 것이 좋다. 그러면 상대방은 아무런 할 말이 없어진다. 오히려 상대방은 관대한 마음으로 용서해주고 싶은 마음이 들 것이다.

상업미술가인 페르디난드 워렌은 자신의 잘못을 인정하는 것으로 성미가 급하고 까다로운 고객으로부터 호의를 얻어낼 수 있었다. 사소한 실수에도 꼬투리를 잡으려 하는 그의 고객이 어느 날 전화를 걸어 당장 자신의 사무실로 와달라고 하였다.

"일이 잘못되었소. 어떻게 일을 이렇게 해놓을 수 있단 말이오!"

"만약 당신의 말이 사실이라면 실수에 대한 변명은 하지 않겠습니다. 당신과 오랫동안 함께 일해 왔는데 아직도 당신이 원하는 대로 처리하지 못해 죄송합니다.”

그러자 그 까다로운 고객은 금방 꼬리를 내렸다.

“그래요. 당신 말이 옳긴 하지만 그래도 큰 실수는 아닙니다. 다만…”

이때, 그가 말을 다 마치기도 전에 워렌이 끼어들어 말했다.

“제가 좀더 주의를 기울였어야 하는데 정말 유감입니다. 당신이 저에게 일거리를 많이 주셨으니 당연히 일을 잘 해드려야 하는데 죄송합니다. 다시 작업하도록 하죠.”

얼른 일어나 그림을 들고 나오려 하자, 고객은 황망히 손을 내저으며 말했다.

“아니, 괜찮아요! 당신에게 그런 수고를 끼칠 생각은 없었소. 약간만 수정하면 됩니다. 우리 회사에 그다지 손해를 끼친 것도 아니니 너무 걱정하지 마시오.”

결국 워렌은 스스로 자신을 비판함으로써 상대방과의 논쟁거리를 없애고 기분 좋게 일을 마무리 짓게 되었다.

자신의 실수를 인정하는 용기는 어느 정도 만족감을 느끼게 할 뿐 아니라, 실수로 인한 문제해결에도 도움이 된다. 어떤 바보라도 실수를 했을 때, 핑계를 댈 수 있다. 아니, 바보일수록 대부분 그렇게 한다. 하지만 자신의 잘못을 시인하면 자신의 가치를 끌어올릴 수 있고 뭔가 뿌듯한 느낌이 다가온다.

피케트의 게티스버그 진격작전은 로버트 리 장군에 대한 역사적 기록 중에서도 가장 빛이 나는 미담 중의 하나다.

일단 전략이 짜여지자 피케트는 적갈색 머리를 휘날리며 포부도 당당하게 앞으로 진격해 나갔다. 그들이 과수원과 옥수수 밭을 지나 목장과 계곡을 통과할 때 적의 대포는 그들을 향해 무차별적으로 공격을 퍼부었지만 그들은 진격을 멈추지 않았다.

그런데 갑자기 잠복해 있던 북군의 보병부대가 피케트의 부대를 행해 일제 사격을 가했고 언덕의 꼭대기는 화염으로 뒤덮여 아수라장이 되고 말았다. 얼마 지나지 않아 피케트 휘하의 지휘관들은 한 명을 제외하고는 모두 쓰러졌고 부하 5천 명 중에서 5분의 4 가량이 전사하고 말았다.

하지만 어미스테드 장군은 살아남은 병사들을 이끌고 최후의 돌격을 감행하였고 마침내 적중까지 뛰어들어 격투를 벌인 끝에 북군의 군기를 끌어내리고 남군의 군기를 꽂아놓을 수 있었다. 하지만 그 깃발이 꽂혀 있던 순간은 아주 잠깐 동안뿐이었다.

피케트의 돌격작전은 영웅적인 것이었지만, 결국 그들은 대실패를 하고 말았다. 리 장군은 너무 충격을 받은 나머지 남부동맹 의장인 제퍼슨 데이비스에게 사의를 표했고 그 대신 젊고 유능한 인물을 임명할 것을 요청하였다. 물론 리 장군이 그 책임을 다른 사람에게 돌리려고 했다면 얼마든지 그럴 수 있었을 것이다. 사실, 그 작전의 실패 원인은 몇몇 부대 지휘관들에게 있었다. 보병지원을 약속했던 기병대가 적시에 도착하지 않아 그 진격이 실패로 끝났기 때문이다.

하지만 리 장군은 피케트의 패잔병들이 귀대할 때 몸소 나가 그들을 맞이하며 이렇게 말했다.

"이 모든 것은 내 잘못이니 이 전투에 대한 책임은 내가 지겠소."

만약 당신이 틀렸다고 생각된다면 빨리 그리고 확실하게 인정하라. 앨버트 허버드는 매우 독창적인 작가로 그의 신랄한 문체는 간혹 독자들의 격렬한 비난을 받기도 하였다. 하지만 적을 친구로 만드는데 있어서 뛰어난 재능이 있었던 그는 독자들로부터 욕을 먹을 경우 이렇게 대처하였다.

"곰곰이 생각해 보니, 제 자신도 마음에 들지 않는 부분이 있군요. 사실, 어제 쓴 글도 오늘 다시 읽어보면 모두 마음에 들지는 않습니다. 당신의 의견을 통해 새로운 관점으로 볼 수 있게 되어 기쁩니다. 우리 이 점에 대해 좀더 철저하게 검토해봅시다."

스스로 자신의 잘못을 인정하는 사람에게 무슨 말을 더 할 수 있겠는가? 당신의 생각이 옳을 때는 부드럽고 재치있는 방법으로 그 생각을 전하고, 잘못된 생각일 경우에는 스스로에게 솔직해지도록 하라. 더불어 실수는 빨리 그리고 기꺼이 인정하도록 하라.

그러한 상황에서 자신을 방어하기 위해 애쓰다가는 모든 것을 잃게 되지만, 솔직하게 인정한다면 놀랄만한 결과를 얻게 될 것이다. 싸움을 통해 얻을 수 있는 것은 없다. 그러나 양보를 한다면 기대한 것 이상을 얻을 수 있다.

잘못을 저질렀다면 분명한 태도로 즉시 그것을 인정하라.

12.

화를 내는 것은
문제해결에 도움이 안 된다

화가 났을 때, 상대방에게 실컷 퍼붓고 나면 속이 후련해진다. 하지만 그런 화풀이를 받아야 하는 상대방은 어떤 기분이 들까? 우드로 윌슨은 이렇게 말했다.

"만약 당신이 두 주먹을 불끈 쥐고 나에게 대든다면 나도 금방 두 주먹을 움켜쥘 것이다. 그러나 당신이 만약 '우리 함께 서로의 의견을 말해봅시다. 우리가 서로 다른 견해를 가지고 있다면 어떤 점이 다른지 혹은 무엇 때문에 다른지 알아봅시다' 라고 말한다면 서로의 의견 차이가 그리 큰 것이 아니며 오히려 같은 점이 많다는 것을 알게 될 것이다."

어떤 사람의 마음속에 당신에 대한 나쁜 감정과 증오가 가득 차 있다면 이 세상의 어떤 논리로도 그의 마음을 당신이 원하는 대로 움직일 수 없다. 강제로 윽박을 지른다고 해서 상대방의 의견이 당신과 같아지는 것은 아니다. 하지만 당신이 진심으로 다정하게 대한다면 그들의 생각이 바뀔 확률이 높다.

인간관계에 있어서 누군가를 당신의 편으로 만들고 싶다면 먼저 그 사람에게 당신이 진정한 친구임을 확신시켜야 한다. 그런 의미에서 볼 때, 링컨의 이 말은 만고의 진리라고 할 수 있다.

"한 통의 쓸개즙보다는 한 방울의 꿀이 더 많은 파리를 잡는다."

2천5백 명에 달하는 화이트모터 사의 근로자들이 임금인상을 요구하며 파업을 할 때, 당시 사장이던 로버트 블랙은 화를 내거나 비난 혹은 협박하지 않았다. 불순분자들이라고 매도하지도 않았다. 오히려 그는 클리블랜드의 각 신문에 '평화롭게 파업을 하는 그들'에 대해 찬사의 광고를 게재하였고 파업 근로자들을 위해 야구방망이와 글러브를 제공하는 것은 물론 볼링장까지 빌려주었다.

그러자 시간이 흐르면서 파업 근로자들은 빗자루와 삽, 손수레를 빌려다 공장주변에 흩어져 있는 성냥개비, 휴지, 담배꽁초 등을 치우기 시작했고 그 파업은 결국 일주일 만에 아무런 나쁜 감정이나 상처 없이 서로 타협안을 찾아 끝을 맺게 되었다.

밀어붙이지도 강압적인 방법을 쓰지도 그리고 자신의 의견을 강요하지도 마라. 부드러운 말로 조용하고 다정하게 접근하는 방법이 가장 이상적이다.

엔지니어로 일하는 스트러브는 전세금을 깎아야 하는 상황이었지만, 집주인이 상당히 깐깐한 사람이라 고민하고 있었다. 다른 사람들도 전세금을 깎아보기 위해 애쓰다가 실패했다는 것을 알고 난 뒤로 희망이 없다고 생각한 스트러브는 집주인에게 임대계약이 끝나는 대로 이사를 하겠다는 편지를 보냈다. 물론 그는 이사하고 싶은 마음이 조금도 없는 상태였다.

집주인은 편지를 받자마자 그의 비서와 함께 곧바로 달려왔고 스트러브는 그들에게 밝고 좋은 인상을 남기기 위해 노력했다. 결코 전세금이 비싸다는 이야기는 입에 비치지도 않았고 그 아파트가 상당히 마음에 든다는 말을 한 다음 몇 가지 칭찬을 더 해주었다.

"건물을 아주 체계적으로 잘 관리하시더군요. 그래서 저도 1년 정도는 더 있고 싶지만, 형편이 그렇지 못하군요."

세든 사람들로부터 그토록 친절한 대접을 받아보지 못했던 집주인은 어쩔 줄 몰라 하며 자신의 골칫거리를 털어놓기 시작했다.

"입주자들은 하나같이 불만을 쏟아놓기에 바쁘죠. 어떤 사람은 편지를 열네 통이나 보내왔는데 아주 모욕적인 편지도 있었지요. 심지어 위층의 남자가 코 고는 소리를 막아주지 못하면 임대계약을 취소하겠다고 엄포를 놓는 사람도 있었답니다. 당신처럼 이 아파트를 마음에 들어 하는 사람을 만나니 저도 흐뭇하군요."

그러더니 집주인은 스트러브가 부탁하지도 않았는데 전세금을 내려주겠다고 말했다. 그리고는 실내장식에까지 신경을 써주면서 또 다른 불편한 점이 없는지 물어보고 시정해 주겠다고 했다.

만약 스트러브가 다른 입주자들처럼 협박을 하거나 화를 내면서 억지로 전세금을 깎으려 했다면 그도 역시 실패했을 것이다. 그가 성공적으로 전세금을 깎을 수 있었던 것은 우호적이고 동정적이며 집주인의 골칫거리를 이해하는 자세를 보였기 때문이다.

꿀 한 방울이 쓸개즙 한 통보다 더 많은 파리를 잡는다는 사실을 터득한 사람은 점잖고 우호적인 것이 훨씬 더 효과적이라는 것을 실증하며 살아간다.

메릴랜드 주의 루터빌에 사는 게일 코너는 구입한 지 4개월밖에 안 된 자동차의 세 번째 보증수리를 받으러 가면서 화를 꾹꾹 눌러 참았다. 조목조목 따지거나 소리를 지르면서 서비스담당자에게 이야기해보았자 문제해결에 별다른 도움이 안 될 것임을 알고 있었기 때문이다.

그는 우선 자동차를 구입한 대리점으로 찾아가 대리점 사장인 화이트를 만나고 싶다고 말했다. 잠시 후, 사장의 사무실로 안내된 그는 자기소개를 한 다음 이렇게 말했다.

"친구의 권유로 이곳에서 차를 구입하게 되었습니다. 친구의 말에 따르면 이 대리점이 가격도 저렴하고 서비스도 뛰어나다고 하더군요.”

그 말을 들은 사장은 만족스런 미소를 지었다. 그 순간, 코너는 자신이 서비스담당자에게 당한 문제를 털어놓았다. 그리고 이런 말을 덧붙였다.

“사장님의 훌륭한 명성에 흠이 될 문제에 대해 미리 알고 계시는 것이 좋을 것 같아서요.”

사장은 그 문제를 알려주어 고맙다고 말하며 문제를 즉시 해결해주는 것은 물론 차를 수리할 때까지 자기 차를 타고 다니라고 했다.

해는 바람보다 더 빨리 당신의 옷을 벗길 수 있다.

친절과 우호적인 방법은 어떠한 공갈이나 협박보다 더 쉽게 사람들의 마음을 바꿔놓는다.

그러므로 우호적인 태도로 말을 시작하라.

잘 들으면 해답이 보인다

마음을 활짝 열고 끈기 있게 다른 사람의 말을 귀 기울여 들어라. 상대방이 자신의 생각을 충분히 말할 수 있도록 격려해 주어라. 그들의 문제나 일에 대해서는 그들이 당신보다 더 많이 알고 있다. 설사 의견이 다를지라도 중간에 말참견을 하는 것은 위험한 일이다.

미국의 어느 자동차기업에서 1년분의 차 시트용 직물을 주문하기 위해 협상을 벌이고 있었다. 이때 세 개의 메이커가 견본을 제출했는데, 그 직물들은 자동차회사 중역들의 검사를 거친 후에 각 공장의 대표가 계약을 위한 최종적인 설명을 하기 위해 지정된 날에 회사에 나오도록 되어 있었다.

당시 견본을 제출한 G씨는 마침 심한 후두염을 앓고 있던 터라 지정한 날에 나가기는 했어도 말을 할 수가 없었다. 이미 회의장에는 자동차회사의 직물담당 엔지니어, 구매담당 에이전트, 영업부장, 사장 등이 있었지만 아무리 애를 써도 목소리가 나오지 않았다.

할 수 없이 그는 테이블에 놓여 있던 종이 위에 '여러분, 후두염으로 목소리가 나오지 않아 말씀을 드릴 수가 없습니다' 라고 써서 보여주었다. 그러자 자동차회사의 사장이 벌떡 일어서더니 이렇게 말했다.

"내가 당신 대신 말해 드리지요."

그리고는 G사장이 가져간 샘플의 장점에 대해 말해주었다. 그 후, 그 제품의 장점에 대해 열띤 토론이 벌어졌는데 자동차회사의 사장은 G사장의 입장이 되어 방어적인 입장에서 이야기를 풀어나갔고 어쩔 수 없이 벌어진 재미있는 모임으로 인해 G사장은 50만 야드 이상의 직물을 판매할 수 있었다.

나중에 G사장은 이렇게 말했다.

"만약 제 목소리가 쉬지 않았더라면 그 계약을 놓쳤을 겁니다. 왜냐하면 그들의 토론내용을 들으면서 제가 그 주문에 대해 전적으로 잘못 이해하고 있었음을 깨달았기 때문입니다. 다른 사람으로 하여금 말을 하도록 하면 때로는 커다란 이득이 돌아온다는 사실을 우연히 알게 된 셈입니다."

비즈니스뿐 아니라 가정생활에 있어서도 잘 듣는 자세는 매우 중요하다.

바바라 윌슨 부인은 딸 로리와 아주 불편한 사이가 되고 말았는데, 조용하고 싹싹하던 딸이 왜 그렇게 비협조적으로 변했는지 그녀는 이해하지 못했다. 딸에게 훈계도 해보고 위협도 하고 벌을 주기도 했지만 별다른 효과가 없었던 것이다.

어느 날, 딸이 말을 듣지 않고 친구를 만나러 나갔다가 늦게 돌아오자 이전처럼 잔소리할 기운조차 없었던 윌슨 부인이 조용히 말했다.

"로리야, 대체 왜 그러는 거니?"

엄마의 조용하고 기운 없는 말을 들은 로리는 이렇게 물었다.

"정말로 알고 싶으세요?"

그러자 처음에는 망설이는 듯하던 로리는 자신이 왜 그렇게 변했는지 털어놓았다.

"엄마는 한번도 내 말에 귀를 기울여본 적이 없어요. 늘 이거 해라 저거 해라 하면서 잔소리만 늘어놓고 제가 제 생각, 감정, 느낌을 말하려고 하면 말을 가로막고 더 많은 잔소리를 퍼부었죠. 제가 필요로 하는 엄마는 성숙해가면서 겪는 혼란스러운 일들에 대해 의논할 수 있고 무슨 일이든 허물없이 털어놓을 수 있는 친구 같은 엄마예요."

그 말을 들은 윌슨 부인은 그동안 자신이 얼마나 커다란 잘못을 저질렀는지 깨닫게 되었고 이후로 로리가 하고 싶은 말을 충분히 할 수 있도록 잘 들어주어 두 사람의 관계는 전처럼 좋아졌다.

뉴욕에 사는 찰스 큐벨리스는 어느 신문에 난 구인광고를 보고 지원을 하였다. 며칠 후, 서류심사에 통과한 그는 면접시험을 보러 오라는 통지를 받았고 그곳으로 가기 전에 월스트리트에 가서 그 회사의 창립자에 대해 여러 가지를 조사하였다. 그리고는 면접을 볼 때, 사장에게 이렇게 물었다.

"귀사처럼 훌륭한 역사를 가진 회사를 알게 되어 영광입니다. 귀하께서는 28년 전에 속기사 한 명과 함께 책상 하나로 이 사업을 시작한 것으로 알고 있는데 사실입니까?"

대부분의 성공자들은 초창기의 어려웠던 시절에 대해 돌이켜보기를 좋아한다. 그 창업주도 예외는 아니었다. 그는 단돈 4백50달러를 들고 독창적인 아이디어 하나만으로 어떻게 하여 이 사업을 시작했고 어떤 고난을 이겨내 여기에 이르렀는지를 장황하게 늘어놓았다. 그리고는 큐벨리스의 경력을 간단히 묻더니 부사장을 불러 이렇게 말했다.

"이 분이 바로 우리가 원하는 사람인 것 같소."

큐벨리스는 상대방과 그의 문제에 대해 관심을 보이고 상대방으로 하여금 말을 하게 함으로써 그 사람에게 호감을 샀던 것이다.

사람은 누구나 상대방의 자랑에 귀를 기울이기 보다 자기가 해낸 일을 이야기하고 싶어하는 법이다. 프랑스의 철학자인 라 로슈푸코는 이렇게 말했다.

"만약 당신이 적을 원한다면 친구를 능가하라. 그러나 친구를 원한다면 그가 당신을 능가할 수 있도록 해주어라."

뉴욕시의 미드타운 직업소개소에서 가장 인기 있는 카운슬러는 바로 헨리에타 G.이다. 하지만 그녀가 처음부터 인기를 얻게 된 것은 아니었다. 처음에는 늘 자기가 한 일, 새로운 고객과의 거래, 성취한 일에 대해 자랑을 늘어놓았기 때문에 그녀에게는 친구가 한 명도 없었다.

그것을 고민하던 그녀는 방법을 바꾸기로 결심하였다.

"동료들은 저와 함께 기뻐하는 대신 비난을 하는 것 같더군요. 저는 그들에게 사랑받고 싶었고 진심으로 그들의 친구가 되고 싶었습니다. 그래서 저에 대한 이야기를 하는 대신 상대방의 이야기에 귀를 기울이기로 마음먹었죠."

이후, 그녀는 미드타운 직업소개소에서 가장 인기 있는 사람으로 거듭나게 되었다.

사람들은 타인의 자랑을 듣는 것보다 자신이 이룬 성과에 대해 이야기하는 것을 좋아한다. 그러므로 사람들과 이야기를 나눌 때는 그들에게 기뻤던 일, 그들이 성취한 일에 대해 들려달라고 부탁하며 상대방이 원할 때만 당신의 성취에 대해 이야기하는 것이 좋다.

14.

상대방이 아이디어를
스스로 생각해낸 것처럼 만들어라

사람은 누구나 타인에게 강요받은 의견보다 스스로 생각해낸 의견을 더 신뢰하게 마련이다. 그러므로 당신의 의견을 억지로 강요하기보다는 당신이 제안한 다음 상대방이 스스로 생각한 끝에 결론을 내리도록 이끄는 것이 더 현명하다.

어느 자동차영업소의 영업부장으로 일하는 아돌프 셀츠는 의욕을 상실한 영업사원들의 사기를 진작시키기 위해 회의를 열었다.

"여러분이 원하는 사항을 빠짐없이 말씀해주십시오. 제가 여러분이 원하는 것을 해드리겠습니다."

그러자 영업사원들은 자신이 원하는 것을 하나하나 쏟아놓았고 셀츠는 그것을 칠판에 적어나갔다.

"좋습니다. 제가 이것을 해드리지요. 그렇다면 제가 여러분에게 무엇을 기대하고 있는지 여러분 스스로 말씀해주시겠습니까?"

영업사원들은 충성, 정직, 솔선수범, 낙관주의, 팀워크, 하루 8시간의 열정적인 근무자세 등 자신들이 어떤 태도를 지녀야 하는지에 대해 솔직하게 털어놓았다. 이후, 셀츠는 영업사원들이 원하는 것을 하나하나 지켜나갔고 영업사원들 역시 열심히 일해 영업소의 실적은 날이 갈수록 높아졌다. 당시의 상황에 대해 셀츠는 이렇게 말한다.

"우리는 일종의 도덕적인 거래를 한 셈입니다. 제가 먼저 회의의 결과를 지키려고 노력하자 영업사원들도 자신들이 내놓은 안건을 열심히 지키려 했습니다. 그들의 요구사항과 희망사항을 놓고 서로 의논을 한 것이 마치 영양제를 한 대 맞은 것 같은 효과를 냈던 것입니다."

강요, 강제, 명령을 좋아하는 사람은 없다. 사람은 누구나 자신의 뜻에 따라 행동하고 싶어하며 자신의 희망, 욕구, 생각에 관해 누군가가 물어보기를 원한다.

디자이너인 유진 웨슨은 스타일리스트와 직물업자를 상대로 자신의 디자인을 판매하고 있었는데, 뉴욕의 어느 스타일리스트가 유난히 까다롭게 굴었다. 3년 동안 한 주일도 거르지 않고 일주일에 한번씩 그를 방문했지만 웨슨은 1백50 번을 방문하도록 거절만 당했던 것이다. 뭔가 다른 방법을 찾아야겠다고 생각한 웨슨은 인간의 행동에 영향을 미치는 방법에 대해 연구를 거듭한 끝에 새로운 방법을 시도해

보기로 결심하고 미완성의 스케치 몇 점을 가지고 그를 방문하였다.

"죄송하지만 저에게 시간 좀 내주실 수 있겠습니까? 저에게 미완성의 스케치 몇 점이 있는데, 그것을 완성하기 위해 당신의 고귀한 의견을 들으러 찾아왔습니다."

한동안 스케치를 물끄러미 바라보던 스타일리스트는 이렇게 말했다.

"며칠 동안 나에게 맡겨 놓게. 나중에 다시 찾아오게나."

사흘 후에 그를 방문한 웨슨은 몇 가지 조언을 들은 다음 자신의 스튜디오로 돌아와 스케치를 완성했다. 그 결과, 그는 더 이상 거절을 당하는 일이 없어졌다. 고객의 아이디어로 그려진 스케치를 꾸준히 공급하게 된 웨슨은 이렇게 말한다.

"제가 왜 몇 년 동안 그에게 디자인을 팔지 못했는지 그제야 알게 되었습니다. 저는 그저 제 디자인을 사라고 강요했을 뿐이었습니다. 하지만 방법을 바꿔 그로 하여금 디자인을 스스로 창조한다는 느낌을 갖도록 하자 더 이상 그에게 판매할 필요가 없어졌습니다. 왜냐하면 그가 스스로 디자인을 구입하려 했기 때문입니다."

다른 사람으로 하여금 아이디어가 자신의 것이라고 느끼게 하는 일은 비즈니스나 정치 그리고 가정생활에 있어서 많은 도움이 된다.

부룩클린의 어느 대형 병원에서 최첨단의 X선과를 운영할 계획으로 장비를 구입하려 하고 있었다. 그 소문을 들은 X광선 제조업자들은 많은 세일즈맨을 보내 영업을 펼쳤지만, 그 병원의 X선과 책임자인 L박사는 자기 회사에서 만든 장비에 대해 칭찬만 늘어놓는 세일즈맨들에게 완전히 질려 있었다.

그때, 한 제조업자가 L박사 앞으로 편지를 한 통 보냈다.

"폐사에서는 최근에 새로운 X선 장비를 제작했습니다. 하지만 아직 완전한 상태라고 자부할 수 없기에 좀더 개량해서 좋은 제품으로 만들려고 합니다. 박사님께서 잠시 시간을 내주시어 장비를 한번 살펴주시고 어떻게 하면 좀더 전문적인 제품으로 만들 수 있는지 고견을 주신다면 다시없는 영광이겠습니다. 시간을 내주신다면 언제든 모시러 가겠습니다."

L박사는 바쁜 와중에 약속을 포기하면서까지 그 장비를 살펴보기 위해 와주었고 결국 그 제조업자는 병원에 장비를 납품할 수 있었다.

에드워드 하우스 대령은 우드로 윌슨 대통령 재임 시절, 국내 및 국제문제에 있어서 막대한 영향력을 발휘한 인물로 윌슨 대통령은 누구보다 그에게 많은 자문을 구했다. 한번은 하우스 대령이 백악관으로 대통령을 찾아가 대통령이 반대하는 어떤 정책에 대해 건의를 하였다.

그런데 며칠 후, 저녁 식탁에서 윌슨은 하우스가 건의한 제안을 마치 자신의 생각인 것처럼 자랑스럽게 이야기하였다. 그렇다면 그 자리에서 하우스 대령이 '그것은 제 생각이 아닙니까?' 라고 나섰을까?

절대로 그렇지 않다. 빈틈이 없는 하우스 대령은 윌슨 대통령으로 하여금 그것이 마치 자신의 아이디어인 것처럼 생각되도록 해주었던 것이다.

하우스 대령은 '상대방으로 하여금 그 아이디어가 자신의 것이라고 느끼게 하라'는 것을 철저하게 실천했던 것이다.

중국의 현자인 노자는 이렇게 말했다.

"산에서 흐르는 시냇물이 아무런 거리낌 없이 강과 바다로 흘러드는 이유는 강과 바닷물이 시냇물 아래에 있기 때문이다. 그리하여 바다는 모든 시냇물을 지배할 수 있다. 다른 사람의 위에 있고자 하는 사람은 그 아래에 있어야 하고 다른 사람 앞에 서고자 하는 사람은 그 사람 뒤에 서 있어야 하는 법이다. 그러면 위에 있을지라도 사람들은 그 무게를 느끼지 못하고 앞에 있다 할지라도 사람들은 무례하다고 생각하지 않는다."

 ## 15.

입장을 바꿔 생각해 보라

때론 다른 사람의 의견이 완전히 틀렸다고 생각될 경우도 있다. 하지만 중요한 것은 상대방은 결코 그렇게 생각하지 않는다는 점이다. 그러므로 상대방의 입장에 서서 생각해 보는 습관을 들이도록 하라.

어떤 사람이 자기 방식대로 생각하는 데는 그만한 이유가 있게 마련이다. 먼저 그 이유를 알아보라. 그러면 그 사람의 행동은 물론 인간성까지도 이해할 수 있을 것이다. 언제나 '내가 만약 그의 입장이라면 어떻게 생각하고 어떤 행동을 했을까?' 라고 생각해보라. 그러면 당신은 시간도 아낄 수 있을 것이고 또한 화도 내지 않게 될 것이다.

케네스 구드는 자신의 저서 〈황금같이 귀한 사람을 만드는 법〉에서 이렇게 말했다.

"잠시 동안만 당신이 강한 관심을 보이는 당신의 문제와 당신이 하찮게 생각하는 상대방의 문제를 비교해 보라. 당신이 당신의 문제를 중요하게 생각하고 있는 것만큼 상대방에게는 상대방의 문제가 무엇보다 중요하다는 사실을 인정하라. 인간관계에서의 성공은 다른 사람의 입장에 서서 그를 이해하려고 하는 마음자세에 달려있다.”

상대방의 생각이나 감정을 마치 당신의 것인 것처럼 중요하게 여긴다는 사실을 보여주어라. 그러면 당신은 상대방의 협력을 얻어낼 수 있을 것이다. 대화를 할 때, 당신은 단지 방향이나 목적을 제시하고 상대방의 의견을 너그럽게 수용한다면 상대방도 당신의 생각을 받아들이려 애쓸 것이다.

아무리 성질이 고약한 사람일지라도 당신의 의견에 따르지 않을 수 없게 만들 수 있는 방법을 알려주겠다. 그것은 바로 이렇게 말하는 것이다.

“당신이 그렇게 생각하는 것은 당연한 일입니다. 만약 내가 당신의 입장이었더라도 그렇게 생각했을 것입니다.”

당신이 세상에서 만나는 사람들 중, 4분의 3 정도가 인정과 동정에 굶주려 있다. 그러므로 당신이 그들을 인정하고 동정으로 받아들인다면 그들은 당신을 매우 좋아하게 될 것이다.

솔 휴로크는 훌륭한 무용 감독으로 살리아핀이나 이사도라 던컨 그리고 파블로바와 같은 세계적으로 저명한 예술가들과 함께 일한 인물이다. 그토록 개성이 강한 스타들과 함께 일하면서 휴로크가 가장 먼저 터득한 교훈은 그들의 개성을 이해하고 동정심을 보여주어야 한다는 점이다.

한번은 3년 동안 메트로폴리탄 오페라 극장에서 감독을 맡게 되었는데, 베이스 가수였던 샬리아핀이 늘 말썽을 부렸다. 하루는 노래를 부르기로 예정된 날의 정오 무렵에 샬리아핀이 휴로크에게 전화를 걸어 이렇게 말했다.

"솔, 몸이 좋지 않아요. 목이 마치 굽지 않은 햄버거 같아서 오늘밤에는 노래를 부르기가 어려울 것 같습니다."

그 말을 듣고 즉시 샬리아핀이 묵고 있던 호텔로 달려간 휴로크는 진정으로 동정심을 보이며 말했다.

"안 됐군. 노래 약속은 당장 취소하겠네. 물론 자네는 몇 천 달러 정도의 손해를 보겠지만 자네의 명성에 비하면 그 정도야 아무것도 아니지."

그러자 샬리아핀은 한숨을 내쉬더니 말했다.

"이따가 오후에 다시 한번 와서 내 상태를 좀 봐주십시오. 5시쯤이 좋겠어요."

휴로크는 5시쯤에 다시 한 번 그를 방문했고 이번에는 좀더 강하게 약속을 취소하자고 말했다.

"좀더 지켜보죠. 7시가 넘으면 나아질지도 모르니까…"

결국 그는 7시 30분쯤이 되어 노래를 부르겠다고 했고, 휴로크에게 자신이 지독한 감기에 걸려 목소리의 상태가 좋지 않음을 말해주도록 양해를 구했다. 그렇게 무대에 올라간 살리아핀은 언제 아팠냐는 듯 열정적으로 노래를 불러 관객들을 매료시켰다.

미주리 주의 세인트루이스에서 10대 아이들에게 피아노를 가르치는 조리스 노리스 부인은 바베트라는 아이의 손톱이 너무 길다는 것을 알고 기회를 보아 바베트에게 말했다.

"너는 손도 예쁘고 손톱도 잘 가꾸었구나. 하지만 피아노를 치는 능력을 좀더 향상시키고 싶다면 약간만 손톱을 자르는 것이 좋을 텐데… 손톱을 깎고 난 뒤에 더 빠르고 쉽게 피아노를 치는 네 자신을 보면 스스로 놀랄 거야. 한번 생각해보렴."

물론 바베트는 절대로 손톱을 깎지 않겠다는 듯 불쾌한 표정이 역력했다. 하지만 그 다음 주에 바베트가 두 번째로 레슨을 받으러 왔을 때는 손톱이 깨끗이 깎여져 있었다. 손톱을 기르고 싶어했던 바베트는 처음에는 거부반응을 보였지만 곰곰이 생각해보니 손톱을 자르는 것이 더 낫겠다는 결론을 내렸던 것이다.

이때, 노리스 부인은 결코 겁을 주거나 협박하지 않았다. 바베트의 손톱이 아주 잘 가꿔져 있으며 그것을 깎는 것이 쉽지 않으리라는 것을 인정했던 것이다. 그리고 '쉽지는 않겠지만 손톱을 깎으면 피아노를 더 잘 칠 수 있으므로 한번 생각해 보라'고 스스로 결정할 시간을 주었다. 상대방이 소중하게 생각하는 것이 무엇인지 잘 알고 있던 노리스 부인은 그것을 이해하고 상대방이 스스로 결정하도록 거부반응을 최소화할 수 있도록 조언했던 것이다.

아더 게이츠 박사는 자신의 저서 〈교육심리학〉에서 이렇게 말하고 있다.

"인간은 누구나 동정을 갈망한다. 어린아이는 자신의 상처를 무척 보여주고 싶어하며 심지어 동정을 위해 스스로 상처를 만들기도 한다. 어른 역시 자신의 상처를 보여주고 싶어하며 사고나 질병 특히 수술을 받은 경험에 대해서는 세세한 부분까지 들려주고 싶어한다. 사실이든 아니든 불행에 대한 '자기연민'은 모든 인간이 느끼는 감정이다."

16. 

하고자 하는 의욕을 불러일으키면
문제는 저절로 해결된다

어느 날, 찰스 슈왑이 유난히 실적이 저조한 공장을 방문하여 공장장을 찾았다.

"당신은 상당히 수완이 좋고 유능한 것으로 알고 있는데, 의외로 실적이 저조하군요. 어찌된 일입니까?"

"사실은… 저도 잘 모르겠습니다. 근로자들을 어르고 달래고 위협도 해보았지만 좀처럼 실적이 오르지 않는군요. 도무지 일을 하려고 하지 않습니다. 의욕을 많이 잃고 있는 상태입니다."

그 날 늦게까지 공장장과 이런저런 대책을 논의하던 슈왑은 주간근무조가 일을 끝내고 나오자 근로자 한 명에게 물었다.

"오늘 용해작업을 몇 번이나 했습니까?"

"여섯 번입니다."

그러자 슈왑은 아무 말 없이 바닥에 '6'이라는 숫자를 크게 써놓고 가버렸다. 이윽고 야간근무조가 들어와 바닥에 쓰여 있는 숫자를 보더니 공장장에게 무슨 뜻이냐고 물었다.

"글쎄. 아까 사장님이 다녀가셨는데 야간근무조에게 용해작업을 몇 번이나 했느냐고 물어보시더니 저렇게 써놓고 가셨다네."

다음 날 아침, 슈왑이 다시 공장에 들렀더니 바닥에는 '6'이 아니라 '7'이라는 숫자가 크게 써 있었다. 주간근무조 역시 그 숫자를 보게 되었고 그들은 이렇게 생각하였다.

'아니, 야간근무조가 우리보다 더 많은 일을 했단 말인가!'

그들은 야간근무조에게 뭔가를 보여주겠다는 자세로 열심히 일한 끝에 그 날 작업이 끝난 후에 '10'이라는 숫자를 적어놓았다. 그렇게 근로자들의 의욕을 북돋워놓자 늘 실적이 저조하여 고민하던 그 공장은 얼마 지나지 않아 다른 공장보다 훨씬 더 많은 상품을 생산해내게 되었다.

경쟁심을 자극하면 사람들은 보다 더 열심히 노력하게 된다. 남보다 뛰어나고자 하는 욕구에 호소하는 것이다. 사람은 누구나 남보다 발전하고자 하는 소망을 지니고 있기 때문에 이러한 방법은 매우 효과적이다.

루스벨트가 뉴욕의 주지사로 선출되었을 무렵, 반대파들이 법적으로 뉴욕 주 거주민으로서의 자격이 부족하다고 들고 일어서자 겁이 난 루스벨트는 사퇴하려고 하였다. 그러자 당시 뉴욕 출신의 상원의원이던 토마스 콜리어 플래트가 이렇게 말했다.

"언제부터 자네가 그토록 겁쟁이가 되었단 말인가!"

그 말을 들은 루스벨트는 반대파들과 맞서 싸울 결심을 했고 이후, 루스벨트는 정치적으로 성공하여 대통령의 자리에까지 오르게 되었다.

고대 그리스에서 왕의 호위를 맡은 호위병들은 늘 다음과 같은 말을 가슴에 새기도록 교육받았다.

"사람은 누구나 두려움을 지니고 있다. 하지만 용감한 자들은 설사 죽는 한이 있더라도 두려움을 떨치고 일어나 앞으로 나아간다. 그리하여 결국은 용감한 자들이 승리를 거두게 된다."

사람들에게 두려움을 극복할 기회를 주어라. 그것은 상대방이 앞으로 나아가는데 있어서 강한 영향력을 미치게 된다.

알 스미스가 뉴욕의 주지사로 재직하던 시절, 악명 높은 싱싱교도소의 교도소장을 선출해야 하는 난관에 직면하게 되었다. 당시 싱싱교도소는 여러 가지 스캔들과 추문이 난무했기 때문에 강력한 리더십을 발휘할 사람이 필요했던 것이다. 궁리 끝에 스미스는 뉴 햄프톤에 사는 루이스 로즈에게 사람을 보내 그를 데려오도록 하였다.

"자네가 한번 싱싱교도소를 맡아볼 생각은 없나? 자네라면 충분히 관리할 수 있을 걸세.”

그러나 로즈는 정치적 상황에 따라 임명되고 파면되는 자리에 선뜻 나서려고 하지 않았다. 실제로 그곳에서 3주일밖에 근무하지 못한 교도소장도 있었기 때문에 모험을 하고 싶지 않았던 것이다. 로즈가 망설이자 스미스는 의자 뒤로 몸을 기대며 말했다.

“물론 위험부담이 큰 자리니 자네가 두려워한다고 책망할 생각은 없네. 대단한 사람이 아니면 그런 곳엔 갈 수가 없지.”

로즈는 ‘대단한 사람을 필요로 하는 곳’ 이라는 말에 도전정신을 발휘하여 교도소장직을 수락했고 훗날 가장 유명한 교도소장으로 남게 되었다. 그가 저술한 〈싱싱교도소의 2만년〉이라는 책은 베스트셀러가 되어 수십만 부나 팔려나갔고 영화로 만들어지기도 하였다.

파이어스톤 타이어의 설립자인 하비 파이어스톤은 이렇게 말했다.

“돈만으로 사람이 모이고 인재가 확보되는 것은 아니다. 일 자체가 그렇게 한다.”

공장의 인부로부터 최고경영자에 이르기까지 다양한 사람들의 근무태도에 대해 깊이 연구한 행동과학자 플드릭 헤르츠버그 역시 같은 의견을 내놓고 있다. 그가 발견한 동기유발의 가장 큰 요인은 일 그 자체였다. 일에 있어서 가장 큰 보람을 주는 요소는 돈도 아니고 양호한 근무조건도 아니며 보너스도 아니었던 것이다.

일이 신나고 재미가 있다면 그 일에 대해 뭔가 기대감이 생기고 더 잘해 보려는 동기도 생기는 법이다. 그렇기 때문에 성공자들은 한결같이 자신의 일을 좋아한다.

일은 자기표현의 기회다.

일은 자신의 가치를 증명하고 남보다 뛰어나고 싶은 욕망을 마음껏 펼칠 수 있는 기회다.

실제로 사람들은 뛰어나고자 하는 욕구, 남들로부터 인정받고 싶다는 욕망을 충족시키기 위해 여러 가지 스포츠나 대회를 개최하고 그것에 도전하는 것을 즐긴다.

사람들의 하고자 하는 의욕을 불러일으키면 그 다음에는 아무런 간섭이나 제재를 가하지 않더라도 일은 저절로 풀려나가게 된다.

17

결점을 지적하고 싶다면
칭찬과 감사부터 하라

이발사는 손님에게 면도를 하기 전에 얼굴에 비누칠을 해서 면도칼의 충격을 줄인다. 마찬가지로 상대방의 결점을 말하거나 잔소리를 해야 할 상황이라면 먼저 칭찬이나 감사의 표현을 한 뒤에 하는 것이 좋다.

1896년 매킨리가 대통령 선거에 출마했을 무렵, 공화당 간부였던 어떤 사람이 연설문을 작성해 왔는데 내용이 별 볼일 없는데다 자칫 잘못하다가는 비난의 소용돌이에 휩싸이기 십상이었다. 하지만 그 간부의 마음을 상하게 하고 싶지 않았던 매킨리는 이렇게 말했다.

"참으로 훌륭한 글이오. 누구도 이토록 훌륭한 연설문을 작성하기는 어려울 것이오. 이 연설문을 적당한 기회에 활용한다면 그야말로 100퍼센트 효과를 발휘할 거요. 하지만 지금의 상황에서는 좀 적당치 않다고 생각되는구려. 물론 당신의 입장에서 보면 이보다 훌륭한 것은 없을 테지만, 당의 노선에 따라 한번 더 생각해서 작성해 줄 수는 없겠소? 글이 완성되면 그 사본을 나에게 보여주면 고맙겠소.”

매킨리는 그가 다시 연설문을 작성하도록 도와주었고 그는 선거운동 기간 내내 가장 영향력 있는 연사 중의 하나가 되었다.

필라델피아에 있는 와크 건축회사는 대규모 빌딩 신축공사를 맡아 특정 기일까지 공사를 완성하기로 되어 있었다. 공사가 순조롭게 진행되어 거의 완성단계에 들어섰을 무렵, 갑자기 건물의 외장공사에 사용될 청동장식 세공을 맡은 하청업자가 납품기일을 지킬 수 없다는 통고를 해왔다.

그것은 그야말로 빌딩공사를 중단해야 할 만큼 커다란 사건이었다. 단 한 사람 때문에 엄청난 공사지연 비용을 감당해야 했던 와크 건축회사는 장거리 전화를 걸어 열띤 논쟁을 벌이고 온갖 수단을 동원해 보았지만 아무런 소용이 없었다.

그때, 가우라는 사람이 그 하청업체를 방문하기 위해 뉴욕으로 파견되었다.

“안녕하십니까? 저는 가우라고 합니다. 혹시 당신과 같은 이름을 가진 사람이 부룩클린에 당신뿐이라는 사실을 알고 있습니까?”

“아뇨. 전혀 몰랐는데요!”

“아침에 기차에서 내려 이곳의 주소를 알기 위해 전화번호부를 들
춰보았더니 당신과 같은 이름을 가진 사람은 부룩클린에 단 한 사람도
없더군요.”

“그렇군요.”

하청업체 사장은 무척 신기하다는 듯 그 자리에서 전화번호부를 들
춰보았다.

“저는 2백 년 전에 네덜란드로부터 이민 온 집안의 후손이라 그런
지 약간 이름이 희귀한 편이죠.”

그는 자랑스러운 듯 말하더니 몇 분 동안 자신의 가족과 조상들에
관해 이야기를 늘어놓았다. 이윽고 그가 말을 마치자 가우는 자신이
방문한 이유는 꺼내지도 않고 공장이 상당히 크다고 칭찬을 해주었다.

“제가 지금까지 보아온 공장 중에서 가장 깨끗하고 규모도 상당히
크군요.”

“저는 이 사업을 키우는데 평생을 바쳐왔지요. 공장을 한번 구경하
시겠습니까?”

“좋습니다!”

공장을 견학하는 동안, 가우는 능률적인 공정에 관해 칭찬하였고
다른 경쟁업체에 비해 어떤 점이 뛰어난가를 구체적으로 지적해주었
다. 그리고 처음으로 보는 몇몇 기계에 대해 질문을 던졌고 하청업체

사장은 자신의 발명품이라고 자랑스럽게 설명해주었다. 그렇게 하여 하청업체 사장이 가우에게 친근감을 느끼고 점심식사를 함께 하자고 제안할 정도가 되기까지 가우는 진짜 방문 목적에 대해서는 한 마디도 언급하지 않았다.

점심식사를 마치자, 하청업체 사장이 먼저 말했다.

"당신이 이곳에 온 이유를 잘 알고 있습니다. 당신과의 만남이 이렇게 즐거울 줄 몰랐네요. 아무 말씀 마시고 그냥 돌아가십시오. 설사 다른 주문이 늦어지더라도 당신 회사의 물건만은 꼭 기일 안에 납품하겠습니다."

약속은 지켜졌고 와크 건축회사는 계약서에 명시된 기간 안에 건물을 완성할 수 있었다.

뉴저지 주의 포트 몬마우스에 있는 신용조합에서 한 젊은 여성을 견습출납원으로 채용하였다. 고객들을 대하는 그녀의 태도는 매우 훌륭했고 개인계좌를 다루는 일도 정확하게 처리해냈다. 그런데 마감시간이 되어 장부를 맞추는 과정에서 문제가 발생하고 말았다.

그녀가 장부를 맞추는 과정이 너무나 느려서 다른 사람들까지도 일이 지체되었던 것이다. 주위 사람들이 몇 번이나 가르쳐주었는데도 불구하고 그녀는 그들의 말을 거의 알아듣지 못했다.

다음 날, 그 지점의 지배인인 도로시 러블류스키는 그녀가 일을 어떻게 진행해나가는지 지켜보고 있었다. 아무리 지켜보아도 고객들에게 친절하고 개인계좌를 처리하는 일도 신속 정확하여 뭐라고 나무랄 데가 없었다. 그런데 마침내 장부를 맞추는 시간이 되자 그녀는 허둥대기 시작했고 서툰 모습을 여지없이 드러내고 말았다.

러블류스키는 그녀에게 다가가 말했다.

"고객들을 대하는 당신의 태도가 너무나 친절하고 사교적이어서 보기가 좋군요. 다른 일을 할 때도 신속 정확해서 아주 좋아요. 그런데 마감시간에 장부를 맞추는 과정이 다소 느리군요. 제가 도와드릴까요?"

그는 현금통을 열고 입금과 출금을 맞출 때 사용하는 방법을 자세히 설명해주었고 그녀는 일단 칭찬을 듣고 난 후라서 그런지 마음을 열고 그의 지시를 쉽게 받아들였다. 그 이후, 그녀는 별다른 문제없이 일을 잘 처리해 나갔다.

칭찬은 치과의사가 이를 뽑기 전에 잇몸에 주사기로 찔러 넣는 마취제와 같다. 즉, 마취제처럼 고통을 최소화시켜 주는 것이다. 그러므로 상대방의 결점이나 단점을 지적해 주고 싶다면 우선 칭찬과 감사의 말을 해준 다음, 부드럽고 간곡하게 말하는 것이 좋다.

18.

실수는 간접적으로 넌지시 지적하라

어느 날 정오, 찰스 슈왑이 제철공장을 돌아보고 있는데 근로자 몇 명이 금연이라는 푯말이 붙어 있는 곳에서 버젓이 담배를 피우고 있었다. 슈왑은 그들에게 다가가 담배를 한 대씩 주면서 말했다.

"일을 한 뒤에 담배 한 모금을 빠는 맛은 그야말로 일품이지. 그런데 여보게들, 우리가 여기서 담배를 피우면 어떻게 되는 줄 알고 있지? 우리 밖에 나가서 피우는 것이 어떨까?"

호되게 꾸중을 들을 것이라 생각하며 잔뜩 긴장하고 있던 근로자들은 슈왑이 담배까지 나눠주면서 부드럽게 말하자 몸 둘 바를 몰라 하며 얼른 밖으로 나갔다.

미국의 백화점 왕 존 워너메이커 역시 이런 점에서 존경받을 만한 인물이었다.

하루는 필라델피아에 있는 백화점에 들렀다가 물건을 고른 고객이 카운터에 우두커니 서 있는 것을 보게 되었다. 점원들은 한 곳에 모여 앉아 잡담을 나누기에 바빴고 고객이 계산을 기다리고 있다는 사실에 대해서는 전혀 개의치 않았다.

그때, 워너메이커는 아무 말 없이 카운터로 들어가 고객에게 친절하게 인사한 다음 돈을 받아들고 계산을 하였다. 그제야 사태를 깨달은 점원이 얼른 달려오자 워너메이커는 점원에게 포장을 해주라고 물건을 건네주고는 조용히 나가 버렸다.

많은 사람이 뭔가 문제를 지적할 때, 처음엔 솔직하게 칭찬을 하다가 '그러나' 로 끝맺는 경우가 많다. 예를 들어 학습태도가 산만한 아이에게 충고할 때는 흔히 이렇게 말한다.

"얘야, 이번 학기에 성적이 많이 올라가 네가 정말 자랑스럽구나. 그러나 수학을 조금만 더 열심히 한다면 성적이 더 좋아질 거야."

'그러나' 라는 말을 듣기 전까지 상대방은 자신감을 갖게 되지만, 일단 '그러나' 라는 말을 듣게 되면 처음의 칭찬에 대한 순수성까지 의심하게 된다. 이때, '그러나' 를 '그리고' 로 바꿔서 말한다면 문제를 쉽게 해결할 수 있다.

"얘야, 이번 학기에 성적이 많이 올라가 네가 정말 자랑스럽구나. 그리고 다음 학기에도 꾸준히 노력한다면 수학 성적도 올라갈 것이라

믿는다.”

이렇게 말하면 아마도 기대에 어긋나지 않도록 열심히 노력하게 될 것이다.

실수를 간접적으로 암시하면 특히 예민한 성격의 소유자에게 효과가 크다. 로드아일랜드에 사는 마지 제이콥 부인은 살고 있던 집을 증축하면서 스스로 모범을 보여 인부들로 하여금 주변을 깨끗하게 만들도록 하였다.

공사를 시작한 뒤, 며칠 동안 집 주위에 나무 조각들이 널려 있자, 그녀는 인부들에게 화를 내는 대신 아이들과 함께 나무 조각들을 주워 한쪽에 깨끗이 쌓아놓았다. 그리고 다음 날 아침, 인부들을 통솔하는 사람이 나타나자 이렇게 말했다.

“어제 앞뜰을 저렇게 깨끗이 치워주셔서 정말 감사합니다. 너무 깨끗해서 공사를 하면서도 이웃에게 조금도 피해를 주지 않게 되었어요.”

그 날 이후, 인부들은 일이 끝난 후 남은 나무 조각들을 깨끗이 치워놓았다. 그리고 통솔자 역시 인부들이 앞뜰을 깨끗이 치워놓았는지 아닌지 매일 검사하였다.

1887년 3월 8일, 뛰어난 설교가였던 헨리 워드 비처가 사망하자 라이만 애보트는 그 다음 주 월요일의 설교를 맡아달라는 부탁을 받았다. 그것을 수락한 애보트는 선임자의 뛰어난 설교에 못지않은 연설을 하고자 지나치다 싶을 정도로 설교문을 쓰고 지우고 또 다시 쓰고 지우는 일을 되풀이하였다. 이윽고 겨우 설교문이 완성되자 그것을 검증받기 위해 아내에게 먼저 읽어주었다. 그런데 글로 기록한 설교문이 흔히 그렇듯 그의 글은 형편없이 지루했다.

만약 그의 아내가 현명하지 못한 여성이었다면 아마도 이렇게 말했을 것이다.

"정말로 형편없군요. 그 글대로 설교를 했다가는 모든 사람이 졸고 말 거예요. 마치 백과사전을 읽는 것 같군요. 몇 년 동안이나 설교를 해온 사람이 아직도 그 모양이에요! 제발 살아 있는 말처럼 생생하게 전달될 수 있는 설교를 할 수는 없나요? 자연스럽게 하세요. 그 글을 그대로 읽으면 당신은 망신만 당하고 말 거예요."

사실, 애보트의 설교문은 아내에게 그런 말을 들어도 싸다는 생각이 들 정도로 엉망이었다. 하지만 정말로 애보트의 아내가 그렇게 말한다면 결과는 어떠할까? 그것은 불을 보듯 뻔한 일이었다. 이것을 잘 알고 있던 그의 아내는 이렇게 말했다.

"당신의 그 글이 〈노스 아메리칸리뷰〉지에 실린다면 아주 훌륭한 기사가 될 거예요."

즉, 그녀는 남편이 열심히 써 놓은 설교문에 대해 칭찬을 하면서 동시에 그 글이 논문이라면 몰라도 설교문으로는 적당치 않다는 것을 넌

지시 암시했던 것이다. 애보트는 아내의 말 속에 담긴 뜻을 이해하고 즉시 열심히 준비했던 설교문을 찢어버리고는 전혀 기록하지 않은 채 생생한 언어로 연설을 하였다.

실수는 고쳐질 수 있기 때문에 실수이다. 그러므로 당신이 제안하는 것을 상대방이 기꺼이 수용하도록 간접적으로 말하라. 상대방의 체면을 세워주는 선에서 칭찬과 더불어 격려를 해준다면 상대방은 자신의 실수를 깨닫고 당신이 제안하는 것을 기꺼이 받아들일 것이다. 그리고 작은 것일지라도 진전을 보인다면 그것에 대해 아낌없이 칭찬을 해주어야 한다.

이러한 방법으로 상대방이 10퍼센트라도 변화한다면 당신 역시 현재보다 10퍼센트 더 유능해진다. 그만큼 당신에게 도움이 되는 것이다. 왜냐하면 사람들은 당신이 원하는 일을 기꺼이 해줄 것이기 때문이다.

제 2 부

'말'을 잘하면 세상살이가 한결 쉬워진다

19

누구나 말을 잘하고 싶어한다

"사람들 앞에 서기만 하면 무슨 말부터 꺼내야 할지 막막해지고 떨려서 정신을 집중하기가 어렵다. 그리고 두서없이 지껄이고 난 뒤에는 무슨 말을 어떻게 했는지 하나도 기억나는 것이 없다. 어떻게 하면 사람들 앞에서 말을 잘할 수 있을까?"

많은 사람이 어떻게 하면 말을 잘할 수 있을까를 고민한다. 왜냐하면 현대는 자기표현을 잘하는 사람이 앞서 나가는 시대이기 때문이다.

브룩클린에 사는 커티스라는 의사는 야구를 무척 좋아했는데, 어느 날 야구선수들의 만찬회에 초대를 받게 되었다. 한창 즐겁게 만찬을 즐기던 중, 갑자기 사회자가 이렇게 말했다.

"오늘 이 자리에 의사선생님이 한 분 와 계십니다. 야구선수들의 건강관리에 대해 커티스 박사님께 한 마디 들어보는 것이 어떨까요?"

선수들은 일제히 우레와 같은 박수를 보내주었지만, 30여 년 동안 수

많은 환자들을 진료해 온 커티스 박사는 한번도 대중 앞에서 말을 해본 적이 없었기에 당황하고 말았다. 그의 심장은 평소보다 두 배나 빨리 뛰었고 눈앞이 캄캄해지기 시작했다. 도무지 무슨 말을 어떻게 시작해야 할지 종잡을 수가 없었다. 사람들은 점점 더 소리를 높여가며 한 마디 하라고 외쳤지만, 도저히 말할 자신이 없었던 커티스 박사는 결국 한 마디도 하지 못한 채 슬그머니 만찬석을 나와 버리고 말았다.

그는 돌아오자마자 대중연설 강좌에 등록을 하였고 그야말로 열과 성을 다해 열심히 배운 끝에 사람들에게 멋진 연설을 들려줄 수 있을 만큼 말을 잘하게 되었다. 그의 소문은 빠른 속도로 퍼져나갔고 뉴욕 공화당 선거운동위원회의 한 간부의 귀에까지 들어가 정당의 선거운동 연설자로 초빙되기도 하였다.

말을 잘하는 능력은 준비와 연습을 통해 충분히 습득할 수 있다. 사실, 우리의 두뇌는 홀로 있을 때보다 여러 사람 앞에 있을 때 한층 더 민첩하게 회전한다. 말을 잘하는 사람은 앞에 있는 사람이 자신의 이야기에 귀를 기울이고 있다는 사실을 통해 힘을 얻는 것이다.

유명한 연설자인 헨리 워드 비처는 연설자의 사고능력에 대해 이렇게 표현한다.

"청중 앞에서 연설을 하면 마치 실타래가 풀리듯 생각지도 않았던 소재와 생각, 아이디어가 입에서 술술 쏟아져 나오게 된다."

누구나 꾸준히 연습하고 노력을 기울이면 술술 풀려나가는 실타래를 가질 수 있다. 앞에 있는 사람들을 두려워하지 않는다면 당신의 머릿속에 엉켜 있던 생각들이 마술처럼 술술 풀려나오는 것이다.

사람들 앞에 섰을 때, 두렵고 떨리는 것은 누구나 마찬가지다. 마크 트웨인은 처음으로 강단에 섰을 때 마치 방금 달리기를 마친 사람처럼 가슴이 두근거렸다고 하며, 그랜트 장군도 중병에 걸린 사람처럼 두 다리를 후들후들 떨었다고 한다. 프랑스의 정치연설가로 손꼽히는 장 쥐레도 하원에서 처음으로 발언을 하기까지 꼬박 1년이 걸렸다고 한다.

유명한 희극배우 찰리 채플린은 방송에 나갈 때마다 대사를 한 줄도 빼지 않고 종이에 적었지만 마이크를 보면 배 멀미를 하는 것처럼 속이 울렁거렸다고 한다. 유명한 제임스 커크우드 감독도 방송을 끝낼 때마다 이마에 송송 맺힌 땀방울을 씻어 내리곤 했다.

사람들 앞에서 말을 시작하기 전에는 누구나 두려움과 긴장감을 느끼게 된다. 하지만 일단 말을 시작하면 긴장감은 깨끗이 사라진다.

만약 당신이 다음의 네 가지를 실천한다면 정말로 말을 잘할 수 있게 될 것이다.

첫째, 사람들 앞에서 자신감 있게 열정적으로 말하는 자기 자신을 상상해 본다. 대중 앞에서 당당히 말할 수 있는 능력은 돈으로 그 가치를 따질 수 없을 정도로 값진 것이다. 일단 사회적인 신분이 향상될 수 있고 새로운 친구를 사귈 수도 있으며 지도력을 발휘할 수 있다. 사회에서 빠르게 성장할 수 있는 능력이 생겼을 때의 기쁨과 뿌듯함을 생각해보라. 말을 잘하는 능력을 기르면 그렇지 못한 사람보다 몇 단계 높은 차원에서 세상을 살아갈 수 있다. 그러므로 다소 힘이 들더라도 포기하지 말고 끝까지 앞으로 나아가야 한다. 배우고자 하는 열정으로 있는 힘껏 노력하다 보면 어느 새 당신이 원하는 고지에 올라 있는 자신을 발견하게 될 것이다.

둘째, 전달하고자 하는 이야기를 철저하게 준비한다.

준비를 소홀히 하면 남는 것은 후회뿐이다. 뭔가 할 말이 생기기 전까지는 그리고 전하고자 하는 말의 의미를 알기 전까지는 결코 입을 열어서는 안 된다. 할 말이 머릿속에서 정리되면 그제야 서서히 말을 시작해야 하는 것이다. 준비가 안 된 연설자는 장님과 다를 바 없다는 사실을 기억하라. 장님이 장님을 인도할 수는 없는 법이다.

셋째, 자신감 있게 행동한다. 해야 할 말이 무엇인지 정확히 알고 있다면 앞으로 나서서 숨을 크게 들이켜 용기를 북돋우는 것이 좋다.

유명한 심리학자인 윌리엄 제임스는 이렇게 말했다.

"왠지 기운이 없고 우울할 때는 자신이 현재 매우 쾌활한 상태에 있다고 상상하면서 쾌활하게 말하고 행동하는 것이 좋다. 마찬가지로 자신의 의지와 생각을 집중하여 용기를 내기 위해 노력한다면 두려움을 얼마든지 용기로 바꿀 수 있다.”

사람들 앞에 나서기 전에 30초 정도 심호흡을 하면 산소공급량이 많아져 용기를 북돋우는데 크게 도움이 된다. 당신 앞에 있는 사람들이 당신에게 도움을 청하러 온 것이라고 상상하라. 그렇게 심리적으로 무장을 하면 당신은 용기를 얻을 수 있다.

전쟁에서 최선의 공격은 최선의 방어라는 말도 있다. 적극적으로 두려움을 느끼지 않는 것처럼 행동하면 정말로 두려움은 없어지게 된다. 당신이 하고자 하는 말에만 신경을 집중하고 다른 것에는 일체 신경을 쓰지 마라. 그러면 상황을, 타인을 그리고 자기 자신을 지배할 수 있다.

넷째, 말을 잘하는 가장 확실한 방법은 연습에 연습을 거듭하는 것뿐임을 알고 실천한다. 실제로 해보는 것보다 더 좋은 방법은 존재하지 않는다. 즉, 현장에서 부딪쳐가며 익히고 배워야 하는 것이다. 연습을 반복하면 자신의 신경상태를 철저하게 통제할 수 있는 경지에 이를 수 있다. 두려움은 어디까지나 무지와 불확실성에서 나오는 것이므로 직접 해보는 것이 무엇보다 중요하다. 이것은 수영을 배우기 위해서는 물 속에 들어가야 하는 것과 마찬가지이다.

어느 하나의 주제를 정하고 그것에 대해 3분 정도 자신 있게 말할 수 있도록 연습에 연습을 거듭하도록 하라.

20.

말을 잘하려면
어떻게 준비해야 하는가?

말에 대한 자신감을 갖고 싶다면 철저하게 준비를 해야 한다. 뒤에서 보이지 않게 수많은 준비와 연습에 몰입한 사람은 굳이 사람들 앞에서 애를 쓰지 않아도 저절로 말이 술술 나오게 된다. 준비가 잘된 사람은 상대적으로 그렇지 못한 사람보다 정신적·정서적으로 부담감이 훨씬 줄어든다. 완벽한 준비야말로 두려움을 없애주는 가장 강력한 요소인 것이다.

준비하지 않으면 실수할 수밖에 없고 그 실수에 신경을 쓰느라 나머지 이야기에 집중하기가 어려워진다. 그렇다면 말을 잘하기 위한 준비는 어떻게 해야 할까?

사람들이 가장 중요시하는 것은 바로 독서다. 물론 독서도 중요하지만 그것이 최선의 방법은 아니다. 남의 생각을 그대로 인용하는 것은 뭔가 살아 있는 언어라는 느낌을 전달할 수 없기 때문이다.

뉴욕시의 중견 은행원인 잭슨은 몇몇 은행원들과 매주 금요일마다 모임을 가졌는데, 그 모임에서는 각자 주제를 선별하여 그것에 대해 발표를 해야만 했다. 어느 날, 준비가 안 되었던 잭슨은 모임에 가는 도중에 근처 가판대에서 잡지 한 권을 구입하여 지하철을 탔다. 그리고 모임장소에 도착할 때까지 잡지를 뒤적이며 그 날의 발표를 위해 '당신이 성공을 거둘 기간은 10년밖에 없다' 라는 기사를 읽었다.

이윽고 모임에서 자신의 발표 차례가 되자 잭슨은 자신감 넘치는 태도로 잡지에서 읽은 내용을 말했지만 그의 표정에는 열정이 없었고 목소리도 경직되어 있었다. 무엇보다 계속해서 잡지의 내용을 인용했기 때문에 사람들은 그의 말에 그다지 흥미를 보이지 않았다.

스스로 준비성이 부족했다는 것을 인식한 잭슨은 다음의 모임을 위해 철저하게 준비했고, 기사를 그대로 인용하는 것이 아니라 자신의 경험과 견해가 녹아들도록 심혈을 기울였다. 그렇게 일주일 내내 자신이 말할 주제에 대해 신경쓴 결과, 그의 견해는 한층 더 심화되고 살아 있는 언어로 충만하게 되었다.

그 다음 주의 모임에서 잭슨은 자신의 견해와 경험을 조합한 이야기를 열정적으로 말해 사람들의 관심을 한 몸에 받았고 뜨거운 호응을 얻어냈다.

자신이 말할 주제에 대해 충분히 준비하지 못한 플린 역시 워싱턴 안내책자를 그대로 인용하는 바람에 사람들의 호응을 조금도 얻어낼 수 없었다. 그로부터 2주일 후, 누군가가 자신의 새 차를 들이받고 도망치는 사건을 겪은 그는 그것을 이야기의 주제로 삼아 경험담을 열정적으로 쏟아놓음으로써 사람들의 뜨거운 호응을 얻었다. 자신이 직접 겪은 경험담에 나름대로의 사고방식이 가미된다면 사람들은 그 이야기에 귀를 기울이게 마련이다.

이야기의 주제를 잡아 준비한다는 것은 자신의 생각, 아이디어, 확신, 주장을 정리해둔다는 것을 의미한다.

예일신학교의 학장으로 재직했던 찰스 레이놀즈 브라운 박사는 이렇게 말했다.

"오랜 시간을 두고 이야기할 주제에 대해 곰곰이 생각하고 또 생각하라. 머릿속을 무겁게 채우고 있는 생각들이 말랑한 치즈처럼 녹아 머릿속에 완전히 스며들 때까지 끊임없이 심사숙고하라. 그 정도로 연습을 한다면 그 과정 속에서 삶의 무수한 편린들을 찾아낼 수 있을 것이므로 그것을 무한히 확장시키고 발전시켜 나가야 한다."

링컨은 식사를 하면서 거리를 걸어가면서 젖소의 젖을 짜면서 정육점과 식료품가게를 들락날락하면서 이야기할 주제에 대한 아이디어를 떠올렸다고 한다. 그리고 머릿속에 떠오른 아이디어를 빈 봉투나 종이조각, 포장지 등에 닥치는 대로 메모를 해놓았다가 나중에 시간이 나면 차분히 앉아 정리하였다. 그 유명한 게티스버그의 연설을 준비할 때도 링컨은 생각에 생각을 거듭하여 비서가 행사장으로 떠날 시간이 되었다고 알려줄 때까지 연설문을 다듬었다. 그리고 행사장을 향해 가고 있는 와중에도 몸을 꼿꼿이 세우고 깊은 생각에 잠겨 있었다고 한다. 그는 불과 10여 구절의 문장으로 이루어진 짧은 연설을 준비하기 위해 그야말로 심혈을 기울였던 것이다.

그리스도는 사람들 앞에서 이야기할 주제를 준비하기 위해 혼자 광야로 나가 40일 동안이나 밤낮을 가리지 않고 사색에 잠겨 있었다고 한다. 그 후, 그리스도는 산상수훈이라는 유명한 연설을 하게 되었다.

그렇다고 당신에게 불멸의 말을 남기기 위해 준비하라고 하는 것은 아니다.

말을 잘하기 위해서는 먼저 주제를 선택해야 하는데 짧은 말을 할 때는 여러 가지 주제보다 한두 가지의 주제를 부각시키는 것이 좋다. 일단 주제가 선정되었다면 링컨처럼 일상생활 속에서든 일을 할 때든 그 주제에 대해 생각하고 또 생각해야 한다. 늘 의문을 갖고 정리를 하며 가능한 한 자신의 직접적인 경험에 근거한 생동감 있는 삶의 현장 속에서 소재를 찾는 것이 좋다. 더불어 여러 가지 각도로 자신의 이기심을 내세우지 않고 겸손한 태도로 말하는 것이 바람직하다.

무엇보다 추상적이거나 어려운 말보다 직접적이고 구체적인 이야기를 풍부한 사례를 곁들여 말하는 것이 중요하며, 자신의 관심사에만 치중하지 않도록 주의한다. 특히 듣는 사람의 수준이나 그들이 무엇을 원하는지 등을 꼼꼼히 체크하여 대비해야 한다. 그렇다고 너무 많은 이야기를 짧은 시간 안에 소화하기 위해 애쓰려 해서는 안 된다.

미국의 식물학자인 루터 버뱅크처럼 100가지의 생각들을 떠올리되 그중에서 필요한 것 10가지를 선택하고 나머지 90가지는 버려야 한다. 보다 많은 자료와 정보를 수집할수록 쓸 만한 소재를 얻을 확률은 그만큼 높아지지만, 무엇보다 중요한 것은 정말로 필요한 것 외에 나머지는 버려야 한다는 점이다.

뛰어난 연설자인 에드윈 제임스 카텔은 연설을 마치고 돌아오는 도중에 뭔가 좋은 이야기를 빠뜨렸다는 생각이 들지 않으면 그 연설은 실패한 것으로 간주했다고 한다. 그 이유는 무엇일까?

그는 훌륭한 연설에는 주어진 시간 내에 사용할 수 있는 양을 넘어서는 정보량이 축적되어 있다는 사실을 잘 알고 있었던 것이다.

풍부하게 조사하라. 그러면 직접적으로 드러나는 당신의 표현에는 더욱더 생생한 생동감이 넘쳐흐를 것이다.

21

유명인사들의 말을 잘하는 비결

우리는 간혹 자신이 무슨 말을 하는지도 모르는 채 지껄이고, 또한 무슨 말을 했는지 알지 못한 상태로 어색하게 이야기를 마무리짓는 사람을 보곤 한다. 특히 준비되지 않은 상태에서 갑자기 한 마디만 해달라는 요청을 받게 되면 식은땀을 흘리며 힘들어하는 사람들이 많다.

준비없이 말을 하는 것은 아무런 계획도 없이 집을 짓는 것과 같다. 최소한 아웃트라인 정도는 설정해두고 말을 시작해야 실수를 줄일 수 있다.

그렇다면 머릿속에 떠오른 아이디어를 효과적으로 정리하고 조합할 수 있는 최선의 방법은 무엇일까? 이 질문에 대해 영원불멸한 해답은 존재하지 않는다. 다만 오랜 경험과 스스로의 노력을 통해 하나하나 터득해 나가야 할 뿐이다. 그래도 뛰어난 효과를 거둘 수 있는 방법을 알아본다면 다음의 몇 가지를 충족시켜야 한다고 할 수 있다.

첫째, 시작과 끝이 분명해야 한다. 출발라인에서 목적지를 향해 정확히 나아간다면 시간낭비를 한다거나 실수하지 않게 될 것이다.

둘째, 다소 과장된 표현을 한 뒤에는 반드시 그 의문을 해소시켜줄 부연설명이 필요하다. 말을 하다보면 강조를 위해 과장된 표현을 하기도 하는데 이럴 경우에는 그것에 대한 부연설명으로 듣는 사람들에게 한 점 의혹도 남지 않도록 해주어야 한다.

셋째, 숫자가 1, 2, 3, 4…로 이어지듯 차례대로 일목요연하게 자신의 주장을 펼쳐나간다. 사람은 컴퓨터와 달리 입력된 모든 정보를 즉각 소화해내지 못한다. 그러므로 가능한 한 추상적인 이야기는 피해야 한다. 설사 주어진 시간이 짧더라도 반드시 주장한 내용에 대해 이해할만한 부연설명을 한 후에 다음 대목으로 넘어가야 한다.

넷째, 사람들의 정서에 호소한다. 희망과 좌절이 깃든 단어를 사용함으로써 사람들의 마음에 한층 더 가깝게 다가갈 수 있기 때문이다.

다섯째, 연사의 태도와 말투가 분명해야 한다. 마음 깊은 곳에서 우러나오는 열정으로 자신감 있게 말을 전달해야만 청중들의 뜨거운 호응을 얻어낼 수 있다.

러셀 H. 콘웰 박사는 좋은 연설계획에는 다음과 같은 아우트라인이 존재한다고 말한다.

“먼저 사실을 진술하고 그 다음으로 주장을 이끌어낸다. 그리고 사람들에게 행동하기를 요청한다.”

상원의원을 지냈던 앨버트 J. 베버리지는 〈대중연설의 기술〉이라는 자신의 저서에서 이렇게 주장하고 있다.

“우선 말하고자 하는 내용을 충분히 숙지해야 하고 자료를 충실히 준비해야 한다.”

베버리지의 말처럼 주제를 숙지하고 자료를 준비했다면 그 다음으로는 모든 항목을 철저하게 체크하고 검증해야 한다. 그리고 어떤 문제와 관련된 사실이나 각종 자료들을 정리해야 한다. 여기에 자신의 경험담이나 직접 겪은 사례를 첨가해야만 창의력과 활력이 느껴질 수 있다.

우드로 윌슨은 자신이 어떤 방법으로 준비하는지에 대해 이렇게 말한다.

“우선 내가 다루고자 하는 주제의 목록을 작성한다. 그 다음으로 논리적인 연관성에 따라 마음속으로 그 주제들을 배열한다. 각각의 주제에 따라 간단한 메모를 한 다음, 마지막으로 문장을 다듬고 덧붙여야 할 사항들에 대해 생각해본다.”

데어도어 루스벨트는 먼저 주제와 관련된 모든 사실들을 파악한 다음 그것이 자신의 결론에 부합하는지 혹은 흔들리지 않을 확신을 이끌어낼 수 있는지를 판단하였다. 그리고 생동감이 넘치는 어휘로 글을 작성하고는 몇 번의 수정과 보완을 거듭했다. 측근들에게 읽어주거나 몇 번이고 되풀이하여 스스로 읽어보면서 필요 없는 부분을 삭제하고 부족한 부분을 보충하며 끊임없이 원고를 다듬었던 것이다.

벤자민 프랭클린은 뛰어난 문장으로 구성된 잡지기사나 책을 여러 번 읽어보고 그것을 흉내 내 직접 글을 작성해보는 과정을 통해 구술 능력을 향상시켰다고 한다. 즉, 원문과 자신이 작성한 글을 비교 검토해 보면서 잘못을 고치고 수정해나가는 노력을 통해 다양한 어휘를 구사할 수 있게 된 것이다.

아무리 완벽하게 준비를 했을지라도 사람의 욕심이라는 것이 자꾸만 고치고 싶어지게 마련이다. 실제로 연설이 끝날 때까지는 고치고 수정하는 작업을 끊임없이 되풀이해야 한다.

링컨은 연설을 할 때, 단 한번도 메모를 이용하지 않았다고 한다. 그 이유에 대해 링컨은 이렇게 말했다.

"연설자가 메모를 들여다보면 청중은 부담스러워하는 경향이 있다."

실제로 이야기를 전개하는 사람이 중간 중간 메모를 들여다보면 청중의 관심도가 절반 이하로 떨어지게 된다. 물론 메모를 해두는 것은 중요한 일이다. 그러나 그것은 절대 절명의 긴박한 상황에서만 사용해야 하는 마지막 수단임을 잊지 않아야 한다. 청중에게 들키지 않는 선에서 한두 번 흘낏 내려다보는 정도로 그쳐야 한다.

간혹 연설문을 통째로 외우려 하는 사람이 있는데 이것은 어리석은 짓이다. 원고를 외우면 자신이 전달하고자 하는 메시지에 집중하지 못하고 자신이 외운 문장만 기억해내려 애쓰느라 생기 없이 뻣뻣한 언어만 나열하게 되기 때문이다. 더욱이 너무 긴장한 나머지 외운 것을 잊는다면 그것을 떠올리려 애쓰다 오히려 실수만 연발할 수도 있다.

유명한 연설가들의 경력을 살펴보면 한 가지 공통점을 발견할 수 있다. 그것은 그들이 부단히 연습을 거듭했다는 점이다. 일단 마음속에 아이디어가 확고하게 정리되면 틈틈이 연습을 해야 한다. 아무리 바쁜 사람일지라도 하루 24시간 중에서 단 몇 분도 할애할 수 없는 사람은 없을 것이다.

데어도어 루스벨트는 일에 쫓기면서도 언제나 책을 옆에 두었다가 단 몇 초 동안이라도 책을 읽곤 했다고 한다. 업무에 몰두하는 것도 좋지만 때로는 휴식과 변화도 추구해야 한다. '말 잘하기' 연습을 그러한 차원으로 생각하여 틈틈이 연습하도록 하라.

22

이상적인 기억력 향상법

기억의 자연법칙은 인상, 반복, 연상의 세 가지 항목으로 이루어져 있다. 그런데 심리학자인 칼 시쇼어 박사는 기억의 자연법칙에 대해 이렇게 말하고 있다.

"평범한 사람은 자신에게 주어진 기억능력의 10퍼센트밖에 활용하지 못한다. 나머지 90퍼센트는 기억에 대한 자연법칙을 무시함으로써 낭비해버리고 만다."

그러면 기억의 자연법칙에 대해 좀더 생각해보도록 하자.

먼저 인상을 배우기 위해서는 정신을 집중해야만 한다. 데어도어 루스벨트는 꾸준한 연습을 통해 어떤 상황에서든 정신을 집중할 수 있는 훈련을 쌓았다. 그리하여 정치인들이 자신의 곁을 분주히 오가며 정신을 차릴 수 없도록 만드는 상황에서도 짬을 내어 책을 읽었고, 브라질의 황무지를 여행할 때 야영지에서의 소란스러움과 빗소리에도 아랑곳하지 않고 독서에만 열중했다고 한다.

단 5분만이라도 정신을 집중할 수 있다면 그것은 혼란스러운 마음으로 며칠 동안 고민하는 것보다 더 큰 효과를 거둘 수 있다.

언젠가 에디슨은 사람들을 관찰한 결과를 토대로 이렇게 주장한 적이 있다.

"보통 사람의 두뇌는 자신이 본 사물 중 1천분의 1도 정확하게 기억하지 못한다. 믿기 어려운 사실이지만 우리의 관찰력과 기억력은 그 정도로 형편없는 것이다."

두세 명을 한꺼번에 소개받았을 때, 뒤돌아서서 그들의 이름을 하나도 정확하게 기억하지 못하는 이유는 그들을 제대로 관찰하려 노력하지 않았기 때문이다. 다시 말해 기억력이 나쁜 것이 아니라 관찰력이 부족한 것이다.

이름을 기억하기 위해서는 우선 정확하게 들어야 한다. 그리고 제대로 듣지 못했다면 다시 한번 물어서라도 확인해야 한다. 그러면 상대방에 대한 인상을 마음속에 깊이 각인시킬 수 있고 당신의 인상 역시 상대방에게 강하게 남게 될 것이다.

링컨은 자신의 기억력을 향상시키기 위해 기억에 담아두고 싶은 것을 큰소리로 읽는 습관이 있었다. 그가 스프링필드에 있는 법률사무소에 출근하던 시절, 그는 아침마다 소파에 앉아 신문을 큰소리로 읽곤 하였다. 당시에 그와 함께 일했던 한 동료는 이렇게 말했다.

"정말 시끄러웠죠. 도저히 참을 수 없을 만큼 짜증스러웠습니다. 그래서 한번은 왜 그렇게 큰소리로 신문을 읽느냐고 핀잔을 주었죠. 그랬더니 큰소리로 읽으면 눈으로 읽으면서 귀로도 듣기 때문에 더 잘 기억된다고 하더군요."

가장 이상적인 기억력 향상법은 기억할 대상을 보고 듣고 만지고 냄새 맡고 맛을 보는 '오감'을 충분히 활용하여 기억하는 것이다. 그중에서도 보는 것이 무엇보다 중요하다. 눈에서 뇌로 이어지는 신경은 귀에서 뇌로 이어지는 신경보다 25배나 더 많기 때문이다. 그러므로 기억해두고 싶은 이름이나 전화번호, 기사, 글 등이 있다면 일단 종이에 기록하고 그것을 한참 바라본 다음 마음속에서 그것을 떠올려보는 것이 좋다.

기억력에서 두 번째로 중요한 것은 '반복'으로, 아무리 분량이 많더라도 되풀이하여 반복하다 보면 암기할 수 있다.

이슬람교단이 설립한 카이로의 알 아자르 대학은 세계에서 가장 큰 대학 중 하나로 모든 학생은 입학시험의 일부로 코란을 암송해야만 한다. 암송하는데 꼬박 사흘이 걸리는 코란을 머릿속에 집어넣어야만 입학이 허가되는 것이다.

반복은 기계적이 아니라 지능적으로 해야 한다. 한 자리에서 완전히 암기될 때까지 몇 번이고 반복해서 외우는 것보다 적당한 간격을 두고 외우는 경우를 비교해보면 전자가 후자에 비해 절반의 효과밖에 없다.

일정한 간격을 두고 반복 작업을 하는 경우, 두뇌가 느끼는 피로가 적기 때문에 가능한 한 반복 사이에 일정한 간격을 유지하는 것이 좋다. 27개 국어를 자유자재로 구사하는 리처드 버튼은 한번에 15분 이상 하나의 언어를 공부해본 적이 없다고 한다. 15분이 지난 두뇌는 이미 그것에 신선함을 느끼지 못하기 때문이다.

그리고 새롭게 학습한 것은 처음의 8시간 동안 잊어버리는 것이 이후 30일 동안에 잊어버리는 것보다 더 많으므로 연설을 시작하기 전에 다시 한번 메모를 들여다보는 것은 매우 효과적이다.

세 번째로 중요한 요소인 '연상'은 기억해내기 위한 단서를 제공하는 장치다. 훌륭한 기억력은 연상이 우리가 기억하고자 하는 사실과 얼마나 복합적으로 관계를 갖고 이루어지는가에 달려있다. 그리고 이러한 연상의 형성은 그 사실에 대해 얼마나 많이 생각했는가에 달려있다.

이름을 기억하기 위해 외모나 옷차림, 말투에 주의를 기울여 그 사람의 인상을 이름과 연관지어 보는 것도 좋다. 또한 그 사람의 직업과

관련된 임의의 문장을 만들어 이름을 그 안에 포함시켜 기억하는 것도
바람직하다.

연도를 기억할 때는 자신의 마음속에 깊이 각인된 중요한 연도와 연
결지어 기억력을 높이는 것이 좋다. 전화번호도 중요한 사건이나 날짜
와 연결지어 숫자를 기억해두는 것이 무조건 외우는 것보다 낫다.

마찬가지로 연설의 내용을 기억할 때도 자신이 마지막으로 말한 단
어나 문장을 새로운 문장의 출발점으로 삼는 방법이 있다. 예를 들어
'현대인은 너무 시간에 쫓기는 나머지 창의력을 발휘할 여유가 없습
니다' 라는 말을 해놓고 다음 말이 떠오르지 않는다면 창의력을 바탕
으로 하여 다음 말을 이어갈 수 있는 것이다. 이처럼 위기를 넘기면서
서서히 자신이 처음부터 하려고 마음먹었던 내용에 접근해야 한다.

우리의 두뇌는 서로 관련이 없는 데이터나 문제를 억지로 함께 묶어
놓을 수 있을 정도로 유능하지 못하다. 그러므로 연상작용을 통해 기
억력을 향상시키려는 노력이 필요하다. 전반적인 기억용량을 향상시
킬 수는 없지만, 연관된 것을 이어나가는 과정을 통해 기억력의 효율
성을 증가시킬 수 있는 것이다.

 23.

링컨이라면
이런 상황에서 어떻게 행동할까?

링컨은 평생을 통틀어 정규교육을 채 1년도 받지 못했지만 틈만 나면 50마일이나 떨어진 곳까지 찾아가서라도 책을 빌려 읽었다. 또한 한 차례의 연설을 듣기 위해 2, 30마일이나 되는 거리를 걸어다니곤 하였다. 그리고 이루 헤아릴 수 없을 만큼 연습에 연습을 거듭하여 온갖 악조건과 핸디캡을 뚫고 미국의 대통령이 되었다.

데어도어 루스벨트는 백악관의 집무실에 링컨의 초상화를 걸어놓고 뭔가 대단히 어려운 결정을 내려야 할 때마다 그 초상화를 바라보았다고 한다. 나중에 그는 '만약 링컨이 나와 같은 상황에 처해 있다면 어떤 결정을 내릴까?' 하는 생각을 해보기 위해 그 초상화를 걸어두었다고 고백한 바 있다. 그런데 이상하게도 그렇게 링컨의 결정에 대해 생각에 잠기다 보면 의외로 문제가 쉽게 풀리는 듯한 기분이 들었다고 한다.

당신 역시 루스벨트처럼 할 수 있다. 자신이 스스로의 꿈에서 자꾸만 멀어진다고 생각될 때마다 링컨을 떠올리며 최선의 해결책이 무엇인지 생각해볼 수 있는 것이다.

'만약 링컨이 나와 같은 상황에 처해 있다면 어떤 결정을 내릴까?'

언젠가 스티븐 A. 더글러스 상원의원과의 싸움에서 실패한 링컨은 자신의 지지자들을 향해 이렇게 말한 바 있다.

"백 번의 실패를 거듭하더라도 절대로 포기하지 않겠다."

말을 잘하고 싶다는 소망을 달성하느냐 못하느냐는 두 가지 요소에 좌우된다. 하나는 선천적인 능력이고 다른 하나는 말을 잘하겠다는 강력한 욕구다. 하버드 대학의 유명한 심리학자인 윌리엄 제임스 교수는 이렇게 말한다.

"열정만 있으면 인생의 모든 영역에서 성공을 거둘 수 있다. 자신이 얻게 될 결과에 대해 신경을 쓰면 쓸수록 좋은 결과를 얻을 가능성이 높아진다. 부자가 되고 싶어하는 사람은 부자가 될 수 있다. 학식을 쌓고 싶어하는 사람 역시 그렇게 될 수 있다. 착한 사람이 되고 싶어하는 사람은 착한 사람이 될 수 있다. 그러기 위해 필요한 단 한 가지 조건은 진정으로 그렇게 되기를 간절히 원하는 것뿐이다. 동시에 그와 반대되는 것은 무엇이든 하지 않겠다는 강한 욕구가 있어야 한다."

마찬가지로 당신이 말을 잘하고 싶다면 얼마든지 말을 잘할 수 있다. 하지만 그러기 위해서는 진정으로 그렇게 되기를 원해야 한다.

성공자들은 대부분 평범한 보통 사람이다. 다만 그들은 똑똑한 사람들처럼 쉽게 낙담하거나 돈에만 신경 쓰지 않고 단호한 의지와 목적을 지니고 자신이 원하는 것을 향해 꾸준히 나아간다. 록펠러는 비즈니스에서 성공할 수 있는 가장 중요한 필수조건은 '인내심'이라고 말한 바 있다. 이것은 '말을 잘하는 것'에도 마찬가지로 적용된다.

1914년 프랑스군이 퇴각을 거듭하고 있을 때, 조프레 장군은 휘하의 장군들에게 2백만 대군을 이끌고 공격하라고 명령하였다. 치열하게 전개된 그 전투에서 포크장군은 세계 전쟁사에 길이 남을 유명한 말을 하였다.

"아군의 중앙은 거의 궤멸되었다. 오른쪽 날개도 후퇴를 거듭하고 있는 상황이다. 하지만 지금이야말로 절호의 기회다. 총공격을 감행하자!"

전세가 가장 불리하고 아무런 희망도 없는 때를 절호의 기회로 본 것이다. 포크장군은 그 기회를 잘 살려 프랑스의 수도 파리를 구할 수 있었다.

실패할지도 모른다는 생각을 하면서 성공할 수는 없다. 자신감이야말로 성공을 위해 가장 필요한 정신자세인 것이다.

성공할 수 있다고 생각하라. 대중 앞에서 당당하게 연설하는 자신의 모습을 상상하라. 무엇보다 중요한 것은 반드시 성공할 수 있다는 자신감이다. 성공을 확신한다면 그 다음에는 어떤 일을 해야 할지도 알 수 있다.

앨버트 허버트의 글에 나오는 지혜를 이용하여 당신의 삶을 한층 더 행복하게 가꿔가길 바란다.

"자신이 하고 싶은 일에 마음을 집중하고 목표를 향해 똑바로 전진하라. 머릿속에 이상형을 그려놓고 자신도 그렇게 되고 싶다는 강렬한 욕구를 키워라. 용기와 솔직함, 쾌활함을 잃지 않기 위해 노력하라. 생각의 힘은 대단한 위력을 지니고 있고 올바른 사고는 곧 창조와 직결된다. 모든 것은 욕망을 통해 실현되며 진실한 기도는 응답을 받게 마련이다. 턱을 끌어당기고 고개를 꼿꼿이 들어라."

포크장군은 이렇게 말했다.

"정복당한 9만 명의 군사들은 정복하는 9만 명의 군사들보다 더 빨리 퇴각한다. 그 이유는 승리에 대한 믿음이 없기 때문이며 동시에 도덕적인 저항에 대해 자신감을 잃었기 때문이다."

정복당한 9만 명의 군사들은 육체적인 결함이나 그밖에 어떤 문제가 있어서라기보다 정신적인 용기와 자신감을 잃어버려 순식간에 퇴각하고 만다. 자신감을 잃어버린 사람은 아무런 희망도 가질 수 없다.

로버트 서비스의 시에 보면 이러한 글귀가 나온다.

"싸움에 졌을 때 눈물을 흘리기란 아주 쉬운 일이다.

변절자가 되어 바닥을 기는 것도 어려운 일은 아니다.

아무런 희망이 보이지 않을 때조차 싸우고 또 싸워라.

그것이야말로 최상의 전리품이다."

24.

머리를 써서
감동을 불러일으켜라

러시아의 위대한 화가 브룰로프가 어느 날 한 아이의 습작을 손질해주었다. 아이는 자신의 습작이 새롭게 변화된 모습을 보고는 탄성을 지르며 말했다.

"아주 조금밖에 손을 안 대셨는데 그림이 완전히 다르게 보이네요."

그 말을 들은 브룰로프는 빙그레 웃으며 대답했다.

"예술이란 아주 작은 손길로부터 시작되는 것이란다."

말을 잘하는 것도 마찬가지다. 영국이 로마제국의 변방 식민지로 있던 무렵, 원틸리안 사람이 이렇게 말했다.

"모든 일은 무슨 문제에 관한 것인지가 아니라 어떤 방법으로 말하느냐에 달려있다."

말솜씨가 뛰어난 사람은 아주 하찮은 문제도 인상적으로 보이도록 만든다.

　언젠가 스위스 알프스산맥의 어느 호텔에서 숙박객들을 위해 유명한 연사들을 초청하여 강연을 듣도록 배려해주었다. 한번은 영국의 저명한 여류소설가가 '소설의 미래'라는 주제로 강연을 했는데, 자신이 직접 그 주제를 선정한 것이 아니라고 밝힌 그녀는 그야말로 청중에게 눈길 한번 주지 않고 무미건조하게 강연을 이어나갔다.

　청중을 외면하는 강의는 아무런 의미도 지닐 수 없다. 서로 커뮤니케이션이 이루어지지 않으면 청중은 머리와 가슴으로 연설내용을 받아들이지 않는 것이다. 현대의 청중은 연사가 솔직하게 말해 주기를 원하고 있으며 그들과 대화를 나누는 듯 편안한 태도를 지니기를 기대한다.

　네바다의 탄광촌에서 마크 트웨인의 연설을 들은 한 늙은 청중이 그에게 말했다.

　"좀더 자연스러운 목소리로 강연하는 게 어떻겠소?"

　한번은 올리버 로지 경의 연설을 들을 수 있는 기회를 갖게 되었다. 강연의 주제는 '원자와 세계'였는데, 그 분야에 대해 반세기에 걸쳐 연구해 온 그는 원자에 대해 정확하고 알기 쉽게 이야기하고자 애썼다. 자신이 이해하고 느낀 것을 청중도 이해하고 느낄 수 있도록 최선을 다해 배려했던 것이다. 덕분에 그는 사람들에게 깊은 인상을 남기게 되었다.

정말로 말을 잘하는 사람은 특별한 훈련을 받았다거나 트레이닝을 거쳤다는 느낌을 주어서는 안 된다. 즉, 청중이 짐작도 하지 못할 정도로 자연스럽게 말해야 하는 것이다. 잘 닦인 창문은 결코 스스로 눈길을 끌지 않는다. 다만 빛이 날 뿐이다. 말을 잘하는 사람도 마찬가지다. 그런 사람의 연설은 너무도 자연스러워 듣는 사람은 그가 어떻게 말하는지 전혀 느끼지 못하고 이야기 속으로 빨려 들어가게 된다.

이 세상에 당신과 똑같은 사람은 아무도 없다. 또한 사람들 중에서 어느 누구도 당신과 똑같은 정신과 사고방식을 지닌 사람도 없다. 당신이 자연스럽게 말할 때와 똑같은 방법으로 말하고 표현하는 사람도 없다. 결국 당신의 자연스러운 말솜씨는 가장 값진 소유물이다. 그것을 소중히 여기고 발전시켜라. 그것이 바로 당신의 '말'에 진실성을 불어넣는 불꽃이다.

1858년 일리노이 주의 한 도시에서 당대의 교양인인 상원의원 스테판 A. 더글러스와 막노동꾼 출신의 링컨 사이에 논쟁이 벌어졌다. 키가 작은 더글러스는 세련되고 우아해 보였지만, 키가 컸던 링컨은 볼품없는 얼굴에 제스처도 별 볼일 없었다.

그런데 더글러스는 유머라고는 눈곱만큼도 없이 위압적이고 오만했지만 링컨은 비유와 예화를 제시하면서 겸손하고 자애롭게 이야기를 풀어나갔다. 여기서 누가 이기고 졌느냐는 중요치 않다. 민첩하고 저돌적으로 말하는 더글러스는 물론 조용히 깊숙하게 자신의 생각을 전달하는 링컨은 자신의 독특한 재능을 십분 발휘한 훌륭한 연설자였던 것이다.

말을 자연스럽게 하는 것은 실천에 달려있는 문제다. 대다수의 사람은 뻣뻣하게 굳어 기계적으로 경직된 자세를 취하거나 자극을 받은 거북이처럼 껍데기 속으로 머리를 웅크리기 때문에 자연스러워진다는 것은 생각만큼 쉬운 것이 아니다. 자연스러워지는 비결을 터득하는 유일한 비결은 바로 실천이다.

우선 '인간답게 말하겠다'는 다짐을 하고 마음속으로 청중 중에서 한 사람을 선정한다. 그리고 그곳에 다른 사람이 있다는 것은 완전히 잊어버리고 마치 그 사람과 둘이서 대화하는 것처럼 자연스럽게 이야기를 풀어간다. 한 마디로 말해 둘이서 질문과 대답을 하는 것처럼 상상하는 것이다. 스스로 질문하고 그 질문에 스스로 대답하는 것도 자연스럽고 단조로움을 피할 수 있어 좋다.

열정적으로 말하는 것 역시 많은 도움이 된다. 감정의 영향을 받으면 모든 장애물이 가라앉고 진정한 자아가 표면으로 떠오르기 때문에 부담없이 행동하고 막힘없이 말할 수 있게 된다. 그러면 자연스럽게 행동할 수 있다.

사람들은 막연한 것보다 확실히 손에 쥐어지는 것을 원한다. 마치 자동차를 운전하는 요령처럼 정확한 규칙을 바라는 것이다. 물론 말을 잘하는 데도 몇 가지 규칙이 있긴 하다. 하지만 그러한 규칙에는 한 가지 결점이 있다. 그것은 바로 규칙이 자연스러움과 유창함, 생명력과 맛을 잃게 한다는 점이다. 규칙에 얽매이다 보면 자연스러움은 사라지고 마는 것이다.

조시 빌링스의 명쾌한 말은 이러한 문제를 잘 설명해주고 있다.

"쓸데없는 것을 많이 알고 있는 것만큼 소용없는 짓도 없다."

그래도 대화를 나눌 때, 염두에 두면 좋을 듯한 몇 가지 요령에 대해 살펴보기로 하자.

첫째, 중요한 어휘는 강조하고 그다지 중요치 않은 어휘들은 부차적으로 취급한다.

둘째, 단조로움을 피하기 위해 목소리의 높낮이에 변화를 준다.

셋째, 말하는 속도에 변화를 주어 강한 인상을 남긴다.

넷째, 중요한 이슈를 제시했을 경우에는 그 앞뒤로 잠시 말을 멈춘다. 즉, 침묵을 통해 좀더 강한 웅변을 하는 것이다.

물론 이런 방법을 모두 실천할지라도 결점은 여러 가지로 나타날 수 있다. 그러므로 일상생활 속에서 자연스럽게 말하는 방법을 터득하고 그것을 여러 사람 앞에서 이야기할 때 그대로 활용하고자 노력하는 것이 바람직하다.

25

호감이 호감을 얻는다

대중 앞에 선 사람이 무릎이 튀어나온 바지와 볼품없는 코트, 천연색의 양말을 신고 있다면 어떠할까? 또한 셔츠 앞주머니에는 만년필이나 연필을 비스듬히 꽂고 상의 옆에 구겨진 신문이나 담배 케이스가 비죽이 고개를 내밀고 있다면 어떨까? 아마도 사람들은 그의 말을 듣기도 전에 그를 불신하거나 그를 거의 믿지 않을 것이다. 헝클어진 머리나 제대로 닦지 않은 구두, 불룩한 가방을 본 사람들은 외모로 내면까지 파악해버리기 때문에 겉으로 나타난 인상은 대단히 중요하다.

남북전쟁의 승리자인 그랜트 장군이 패장인 리 장군으로부터 항복을 듣기 위해 아포매톡스 법정에 출두했을 때의 일이다.

그랜트 장군은 코트도 입지 않고 칼도 차지 않은 평상복 차림으로 법정으로 나갔다. 하지만 리 장군은 말끔한 군복과 값비싼 보검을 차고 나왔다. 훗날 그랜트 장군은 당시에 자신이 어떤 느낌을 받았는지에 대해 이렇게 말하고 있다.

"당당한 모습으로 멋진 옷을 차려입고 있는 6척의 리 장군 앞에서 나는 이상하게 초라해지는 듯한 느낌이 들었다."

대중 앞에 선 사람은 커다란 확대경 아래에서 강렬한 스포트라이트를 받으며 수많은 눈동자의 주목을 받고 있는 셈이다. 그러므로 지극히 사소한 부조화일지라도 평지에 돌출된 날카로운 봉우리처럼 두드러져 보이게 된다.

오버스트리트 교수는 자신의 저서 〈인간의 행동에 영향 미치기〉에서 이렇게 말하고 있다.

"연설자가 청중에게 흥미를 보이면 청중들의 흥미를 이끌어낼 가능성이 높다. 만약 연설자가 인상을 쓴다면 청중들도 내적으로든 외적으로든 인상을 쓸 것이다. 연설자가 겁을 집어먹고 당황한다면 청중들은 연사를 신뢰하지 않을 것이고 연설자가 거만하게 군다면 청중들은 자아에 대한 보호본능으로 반응할 것이다."

헨리 워드 비처가 브루클린 출신의 부흥사로서 대중적인 인기를 모으며 명성을 얻고 있을 때, 폰드 소령은 그의 매니저로서 14년 동안이나 미국과 캐나다 전역을 여행하였다. 청중들이 모이기 전에 폰드 소령은 항상 비처가 설교할 교회나 극장을 찾아가 조명과 좌석, 실내온도, 환기상태 등을 꼼꼼하게 점검하였다. 만약 실내의 온도가 너무 높은데도 불구하고 창문이 고정되어 있어 열 수 없을 경우에는 책을 던져 아예 유리를 깨뜨리면서까지 환기를 중요시하였다.

특히, 연설장소의 조명은 가능한 한 밝은 것이 좋다. 청중들은 연사의 얼굴을 보고 싶어하며 또한 외모를 통해 나타나는 미묘한 변화는 자기표현 과정의 중요한 일부이다. 그것은 때로 말보다 더 중요한 의미를 지닌다. 말을 잘하고자 한다면 조명까지도 자신에게 유리하게 작용하도록 선택하는 현명함이 필요하다. 그리고 연설을 하는데 있어서 무엇보다 중요한 것은 사람이므로 불필요한 장식물은 치워버리는 것이 좋다.

한번은 캐나다의 온타리오 주에서 수상의 연설을 듣게 되었다. 그런데 연설 도중에 커다란 막대기를 든 관리인이 이 창문 저 창문을 옮겨다니며 실내를 환기시키기 위해 애쓰고 있었다. 그 뒤, 어떤 일이 벌어졌을까? 대다수의 청중은 연설자를 무시하고 그 관리인이 마치 무슨 기적이라도 일으키는 것처럼 그에게 시선을 집중하기 시작하였다.

연설자는 앞에서 현란한 몸동작으로 주의를 분산시키지 않아야 한다. 링컨의 전기를 쓴 전기작가이자 동료변호사였던 헤른돈은 이렇게 말하고 있다.

"링컨은 머리는 활발하게 움직였지만 손의 제스처는 거의 사용하지 않았다. 머리의 동작은 모두 나름대로 의미가 있었고 연설내용을 강조하려 할 때 사용되었다. 그는 손동작은 절대로 사용하지 않았고 무대효과도 전혀 이용하지 않았다. 자연스러움과 강력한 개성으로 현란함이나 과시, 꾸며낸 형식을 싫어했던 것이다. 발가락마저도 일직선을 이룰 정도로 똑바로 서서 신파조로 고성을 지르거나 무대 앞뒤로 걸어 다니는 행위는 결코 하지 않았다. 간혹 팔을 편하게 하기 위해 왼손으로 코트 깃을 쥐는 경우도 있었는데 그럴 경우에도 왼손 엄지손가락은 쭉 폈고 오른손은 다른 제스처를 위해 그대로 내버려두었다."

실제로 링컨 기념공원에 있는 고든스의 링컨 조각상은 그러한 자세를 취하고 있다.

데어도어 루즈벨트는 링컨보다 훨씬 더 격렬하고 활동적이었다. 그의 얼굴에는 감정이 넘쳐흘렀고 늘 주먹을 불끈 쥐고 있었던 것이다. 브라이언은 손바닥을 활짝 펴고 팔을 쭉 뻗는 동작을 자주 사용하였다. 글래드스톤은 주먹으로 강단이나 자신의 다른 손바닥을 두드리거나 발로 연단을 굴러 소리가 나도록 하는 방법을 즐겨 사용했다. 로즈베리 경은 오른손을 들어올렸다가 엄청난 힘을 실어 세차게 내리는 동작을 잘 사용했는데 여기에는 생각과 연설내용을 강조한다는 의미가 담겨 있었다.

어떤 동작이든 중요한 것은 '자연스러움'과 '생기'다.

제스처가 지나치게 서툰 사람도 있는데, 이들은 어수룩한 광대처럼 손으로 허공을 난도질하는가 하면 기이한 동작으로 보기흉한 모습을 보이기도 한다.

커존 경은 케임브리지대학의 강연에서 이렇게 말한 바 있다.

"뛰어난 연설자가 우아한 동작과 멋진 외모의 도움을 받는 것은 사실이지만, 외모가 볼품없이 흉하다고 해서 그것이 심각한 문제가 되는 것은 아닙니다."

오래 전에 유명한 집시 스미스의 설교를 들은 적이 있다.

그는 수많은 사람들 앞에서 유창하게 설교를 했는데 많은 제스처를 구사했지만 그 동작을 호흡하는 것 이상으로 의식하지 않았다. 그야말로 아주 자연스러웠던 것이다. 그것이 바로 이상적인 제스처다.

'이런 제스처가 좋다' 라고 단정할 수 있는 근거는 어디에도 없다. 다만 스스로의 기질과 준비 그리고 열정과 인격에 달려있을 뿐이다. 중요한 것은 자신이 해야 할 말에 집중하면 자신도 모르게 막힘없이 말하고 행동하게 된다는 사실이다.

말은 상쾌하게 시작하라

노스웨스턴대학 총장을 역임했던 린 헤럴드 호 박사는 연설에서 가장 중요하다고 생각하는 점에 대해 이렇게 말하고 있다.

"처음부터 순식간에 사람들의 주의를 사로잡을 수 있는 뭔가를 만들어내는 것입니다."

말을 잘하는 사람은 거의 대부분 시작할 말과 마무리 지을 말을 미리 계획해둔다. 존 브라이트, 글래드스톤, 웹스터, 링컨은 모두 그런 규칙을 잘 지킨 사람들이었다.

표현하고자 하는 어휘가 뚜렷이 잡힐 때, 어떻게 시작할 것인지 미리 생각해두어야 한다. 그리고 마지막에 어떤 인상을 남길 것인지에 대해서도 계획을 세워야 한다. 특히 오늘날과 같은 스피드 시대에는 옥탑의 광고물처럼 간결하고 빠른 서두를 마련해야 한다. 알아듣기 쉽고 강력한 추진력을 지닌 몇 개의 문장으로 도입부를 시작해야 하는 것이다. 물론 경험이 없는 사람들은 도입부분에서 그처럼 빠르고 간결한 문장을 구사하기가 어렵다.

그래서 간혹 유머로 시작하고자 하는 유혹에 쉽게 빠져든다. 하지만 유머는 개인적이고 인간적인 것으로 이야기 그 자체만으로는 저절로 재미를 이끌어낼 수 없다. 설사 마크 트웨인을 유명하게 만든 것과 똑같은 이야기를 할지라도 100명 중에서 99명은 참담한 실패를 경험하게 될 것이다.

만약 당신이 유머감각을 타고났다면 그것을 충분히 활용하라. 하지만 그렇지 않다면 어설프게 다른 사람을 흉내내려 할 필요는 없다. 유머는 적절해야 하며 핵심을 제시해주는 것이어야 한다. 미국에서 유머를 가장 잘 구사하는 것으로 유명한 스트리크랜드 길리런은 연설을 시작하고 나서 3분이 될 때까지는 절대로 유머를 구사하지 않는다는 것을 철칙으로 삼고 있다고 한다.

그렇다고 엄숙한 말로 시작해야 한다는 것은 아니다. 어떤 지역에 관한 이야기나 다른 사람들이 말한 사례를 활용하는 것도 좋다. 뭔가 부조화를 이루는 것을 관찰하여 그것을 과장한다면 진부한 유머보다는 몇 십 배 더 성공적일 것이다. 당신 자신에 관한 이야기, 즉 실수나 당혹스러웠던 경험 등을 들려주는 것도 바람직하다.

루드야드 키플링은 한 정치연설에서 재치 있는 말로써 청중들의 웃음을 자아냈다.

"신사숙녀 여러분, 저는 인도에서 젊은 시절을 보낼 때 신문사에서 범죄사건에 관한 기사를 작성하는 일을 했습니다. 그 일은 위조범이나 사기꾼, 강도, 승부를 조작하는 스포츠맨 같은 사람들에게 저를 소개할 수 있는 아주 재미있는 일이었습니다.(웃음) 저는 신문에 재판기사를 게재한 뒤 때로 감옥에서 형을 살고 있는 제 친구들을 찾아가 보았습니다.(웃음) 그중에 어떤 사람이 살인죄로 무기징역을 살고 있었는데 머리가 좋은 그 친구가 이렇게 말하더군요. '사람이 일단 비뚤어지면 그것이 다른 잘못을 초래하게 되죠. 자신의 처지를 깨닫고 다시 똑바로 펴지기 위해 다른 사람을 끌어들이려 하거든요.' (웃음) 제가 보기에 이 말은 지금의 내각 상황을 정확하게 설명해 주고 있는 듯합니다.(웃음과 환호)…"

초보자가 도입부분에서 즐겨 사용하는 말 중에는 '사과나 자신을 지나치게 낮추는 말'이 있다. 예를 들면 "저는 훌륭한 연설자가 아닙니다"라거나 "이야깃거리를 별로 준비하지 못해서…" 혹은 "할 말은 없지만…"이라는 식으로 시작하는 것이다.

이것은 최악의 도입부분이다. 사실, 당신이 준비되어 있지 않다는 것은 굳이 말하지 않더라도 청중이 먼저 알게 된다. 그것은 마치 특별

요리를 기대하는 사람들에게 한번 제공했던 요리를 다시 데워서 내놓는다고 말하는 것과 같다. 청중은 결코 당신의 사과를 듣기 위해 그 자리에 모인 것이 아니다.

이야기를 시작하는 5분 안에 사람들의 관심을 얻어내는 것은 그리 어려운 일이 아니다. 누구나 처음에는 말하는 사람에게 집중하기 때문이다. 하지만 5분 뒤에도 그들의 관심을 유지하는 것은 매우 어려운 일이다. 그리고 일단 한번 관심을 잃어버리면 그것을 회복하는 것은 두 배 이상으로 힘이 든다. 그러므로 첫 마디부터 흥미를 돋을만한 말로 시작해야 한다.

다음의 예를 살펴보라. 이것은 호웰 헬리가 필라델피아에서 했던 연설의 도입부분이다.

"지금으로부터 82년 전, 불멸의 작품이 될 운명을 타고난 짧은 소설이 런던에서 출간되었습니다. 사람들은 그 책을 '세상에서 가장 위대한 단편' 이라고 불렀죠. 그 책이 처음으로 출간되었을 때, 스트랜드나 폴몰에서 만난 친구들은 서로에게 '그 책 읽었어?' 라는 질문을 했고 그 질문에 대한 대답은 한결같았습니다. '읽었네. 그 책을 쓴 분에게 하나님의 축복이 있기를 빌었지…'

출판 당일, 그 책은 천여 권이 팔려나갔습니다. 2주일 만에 주문량은 1만 5천 권에 달했고 이후로 셀 수 없을 만큼 많은 재판을 찍었으며 세상의 모든 언어로 번역되었습니다. 몇 해 전에는 J. P. 모건 씨가 그 책의 초판 원본을 믿기 어려울 정도의 액수에 구입하기도 했습니다.

대체, 그 유명한 책의 제목이 무엇일까요? 그것은 바로 찰스 디킨스의 〈크리스마스 캐롤〉입니다."

인간적인 이야기나 특정한 예화 그리고 유명한 인사의 말을 인용하는 것도 바람직하다. 또한 질문을 던지거나 전시물을 사용하여 주목을 받는 것도 좋다. 필라델피아의 S. S. 엘리스는 동전 한 닢을 엄지와 검지로 쥐고 어깨 위로 던진 뒤 이야기를 시작한 적이 있는데, 모든 사람들이 자연스럽게 그에게 주목하게 되었다. 이때, 그는 청중을 향해 말했다.

"이제 투기로 한몫을 잡은 불로소득자에게 막대한 자유가 주어질 것입니다. 그러한 사람들도 이 동전 한 닢만 세금으로 내면 되기 때문입니다."

그는 부동산개발과 관련한 비윤리적이고 오도된 실태를 폭로하고자 이렇게 청중의 호기심을 자아냈던 것이다. 또한 생동감 있는 관심을 불러일으키기 위해 이렇게 시작하는 것도 좋다.

“앞으로 여러분이 얼마나 더 사실 수 있는지 궁금하지 않습니까? 보험회사의 통계치에 의하면 여러분의 기대수명은 현재의 나이와 80의 차이의 3분의 2에 해당한다고 합니다. 예를 들어 지금 35세라면 그 나이의 80의 차이는 45이고 그 숫자의 3분의 2에 해당하는 햇수를 더 살 수 있는 것이므로 남아있는 기대수명은 30년입니다. 그 정도면 만족하십니까? 분명 아닐 것입니다. 누구나 그 이상으로 살고 싶을 겁니다.”

청중은 자연스럽고 인간적인 이야기를 좋아한다. 너무 꾸몄거나 계획적으로 준비한 것이라는 냄새를 풍기지 않는 선에서 청중의 주목을 끌 수 있는 말로 시작하라.

확실한 마무리

마지막 말은 듣는 사람의 기억 속에 가장 오랫동안 남게 된다. "이 문제에 대해 나로서는 더 이상 드릴 말씀이 없기 때문에 이것으로 마치고자 합니다"라는 식으로 커다란 실수를 저지르지 않으려면 치밀하게 준비를 해야 한다. 일단 이야기가 시작되면 자신이 하고 있는 말에 집중해야 하므로 마무리를 어떻게 지을 것인지를 생각할 겨를이 없다. 그러므로 미리 준비를 해두어야 한다.

간혹 이야기를 한창 하다가 느닷없이 끝내버리는 사람도 있는데 그런 상태에서는 듣는 사람에게 호감을 살 수도 없을뿐더러 아예 마무리가 없는 것이나 다름없다. 물론 마무리를 하는데 일정한 원칙이 있는 것은 아니다. 하지만 유명한 연설가들의 방법을 배움으로써 그 감각을 기르는 것은 가능하다.

실제로 말을 하는 사람은 자신이 말하는 내용에 대해 오래 전부터 준비해온 것이기 때문에 청중도 자신과 비슷한 수준으로 알고 있을 것이라고 착각한다. 하지만 듣는 사람의 입장에서는 그것이 전혀 새로운 이야기일 수도 있다. 물론 연사의 말을 잘 알아듣는 사람도 있겠지만 얼떨떨한 기분으로 무슨 말인지 알아듣지 못해 흥미를 느끼지 못하는 사람들도 있다.

아일랜드의 한 정치인은 이 문제에 대해 이렇게 말하고 있다.

"처음에는 자신이 하고자 하는 말이 무엇인지 들려주어라. 그 다음에는 자신이 한 말이 무엇인지를 들려주어라."

다음은 시카고의 어느 철도회사의 운송부장이 했던 연설로 행동하기를 호소하는 좋은 마무리를 보여주고 있다.

"간단히 말해 이 블록장치를 동부와 서부 그리고 북부에서 사용해 본 경험에 의하면 사고를 방지할 수 있는 유용한 방법임이 입증되었습니다. 또한 경비절감에서도 뛰어난 효과가 있음이 밝혀졌습니다. 따라서 저는 이 장치를 우리 남부지구에도 즉각 설치해야 한다고 자신 있게 주장합니다."

'작별을 고할 때는 반드시 청중의 웃음을 유도하라' 는 조지 코헨의 말처럼 연단을 내려올 때, 청중의 웃음소리를 듣는 것도 좋은 방법이다.

로이드 조지가 감리교도들이 운집한 자리에서 존 웨슬리의 묘에 대

해 장엄한 연설을 한 다음 연단을 내려올 때, 청중은 하나같이 웃음을
터뜨렸다.

"웨슬리가 더비서를 지나갈 때, 한 소녀가 달려와 '신의 은총이 있
기를 빌겠어요, 웨슬리 아저씨' 라고 말했을 때, 웨슬리는 '네 얼굴과
앞치마가 조금 더 깨끗했더라면 너의 축복이 한층 값질 뻔했구나' 라
고 대답했습니다.(웃음) 그러한 분의 묘를 지저분한 상태로 방치하지
맙시다. 만약 그가 자신의 지저분한 묘를 본다면 얼마나 상심하겠습니
까? 그의 묘를 돌보는 것은 신성한 의무입니다. 그것은 여러분의 믿음
이기도 합니다.(환호)"

적당한 마무리거리를 찾아낼 때까지 사냥과 수색과 실험을 거듭하
라. 지금처럼 바쁜 시대에 쓸데없이 장황한 말을 늘어놓았다가는 아무
에게도 환영받지 못한다. 핵심을 찌르되 간결하고 짧게 끝내야 하는
것이다.

옛날에 사울이 연설을 할 때, 유티추스라는 젊은이가 그의 강연을
듣다가 깜빡 조는 바람에 창밖으로 떨어져 목이 부러졌다고 한다. 만
약 지금 그처럼 지루하고 길게 이어지는 연설을 하게 된다면 아마도
대다수의 사람이 자리를 뜨거나 아예 자고 있을지도 모를 일이다.

언젠가 브루클린 대학클럽에서 연설을 하는 어떤 의사를 본 적이
있다.

여러 사람이 앞에 나가 연설을 했기 때문에 이윽고 그 의사의 차례가 되었을 때는 새벽 2시에 가까웠다. 그때, 그가 만약 조금이라도 재치있고 신중한 사람이었다면 연설을 간단히 끝내고 내려왔을 것이다. 하지만 그는 무려 45분간에 걸쳐 장황하게 이야기를 늘어놓았다. 그리하여 그의 연설이 절반도 진행되기 전에 대다수의 청중은 유티추스처럼 누군가가 창밖으로 떨어져 그의 연설이 중단되기를 고대하는 간절한 심정이 되어 버렸다.

〈새터데이 이브닝 포스트〉지의 편집자였던 로리머는 한창 인기 절정의 시리즈 기사를 결정적인 순간에 중단한 이유에 대해 이렇게 말한 바 있다.

"인기가 절정에 달했다는 것은 이미 독자들의 욕구가 충족되었다는 것을 의미하기 때문입니다."

마찬가지로 연사는 청중이 좀더 듣고 싶어할 때, 마무리를 지어야 한다. 그리스도의 연설 중에서 가장 훌륭한 것으로 평가받는 산상수훈은 암송하는데 불과 5분이면 충분하다. 링컨의 게티스버그 연설도 10개의 문장으로 이루어져 있다. 제네시스의 이야기를 읽는 데는 조간신문에 실린 살인사건의 기사를 읽는 것보다 더 짧은 시간이 걸린다.

49년 동안 아프리카 원시인과 함께 생활하며 그들에 관한 책을 저술한 존슨 박사는 이런 이야기를 들려준다.

"광와라고 불리는 마을집회에서 연사의 연설이 지나치게 길어지면 청중은 '이메토샤' 라고 외친다. 그 말은 '충분하다' 라는 의미를 담고 있는데, 사람들이 모두 그렇게 함성을 지르면 연사는 입을 다물 수밖에 없다."

또한 어떤 부족에게는 연사가 한쪽 발로 서 있을 수 있는 동안에만 연설을 계속할 수 있게 하는 규칙이 있다. 들고 있던 한쪽 발이 땅에 닿으면 할 수 없이 연설을 끝마쳐야 하는 것이다.

아프리카의 원시인보다 더 예의바르고 정중한 사람들도 장황하게 늘어놓는 연설은 싫어하게 마련이다. 그러므로 연설을 시작하기 전에는 확실한 마무리를 염두에 두고 다음의 6가지를 실천해야 한다.

첫째, 연설의 요지를 요약한다.

둘째, 행동하기를 호소한다.

셋째, 진심에서 우러나오는 칭찬을 들려준다.

넷째, 웃음을 유도한다.

다섯째, 적당한 시구나 유명한 글귀를 인용한다.

여섯째, 클라이맥스를 도입한다.

이야기는 시작도 중요하지만 마무리도 중요하다. 가장 중요한 시점은 듣는 사람이 빨리 끝나기를 바라기 전에 끝내는 것이다.

간결하고 쉽게 핵심만 말한다

제1차 세계대전 중 업톤기지의 병사들은 영국의 유명한 대주교를 초청하여 연설을 듣게 되었다. 그런데 그 자리에서 주교는 '국제적 사명감'이나 '세계에서 차지하는 세르비아인의 위치'에 대해 장황하게 늘어놓았다. 그러나 대다수의 병사들은 세르비아가 도시이름인지 아니면 병명인지조차 알지 못했고 헌병들이 출입문을 통제하지만 않았다면 그야말로 뛰쳐나가고 싶은 표정을 짓고 있었다.

한번은 미 의회 의원이 뉴욕의 원형경기장 무대에서 미국인이 어떻게 전쟁준비를 해야 하는가에 대해 연설하였다. 그런데 그러한 가르침을 원치 않았던 청중은 예의상 10분 그리고 15분이 될 때까지 인내심을 갖고 들어주었다. 하지만 연설은 빨리 끝나지 않았고 의원은 지겹도록 말을 늘어놓았다.

그때, 누군가가 야유를 퍼부었다. 그러자 다른 사람들이 금방 합세하였고 순식간에 천 명에 달하는 관중이 휘파람을 불어대며 소리를 질렀다. 그래도 감각이 무뎠던 연사는 아랑곳하지 않고 연설을 이어갔고 마침내 관중의 분노는 극에 달했다. 연사의 연설은 청중의 함성 속에 묻혀버렸고 20피트 앞에 있는 사람도 그의 연설을 알아들을 수 없게 되자, 그는 연설을 포기한 뒤 수치스럽게 물러났다.

간결하고 쉽게 핵심만 말하라. 분명한 말로 청중들의 수준에 맞춰라.

몇몇 선교사가 아프리카 적도 근처에 사는 부족들의 말로 성경을 번역하고 있었다. 그런데 그들은 '비록 너희의 죄가 진홍빛처럼 붉을지라도 눈처럼 희게 되리라' 는 구절에서 어떻게 번역할 것인지 고민하게 되었다. 원주민은 겨울을 겪지 못했기에 '눈' 에 대해 전혀 알지 못했던 것이다. 이때, 선교사들은 그들이 속이 흰 코코넛을 먹는 것을 보고 이렇게 번역하였다.

"비록 너희의 죄가 진홍빛처럼 붉을지라도 코코넛 열매 속처럼 희게 되리라."

수치를 사용할 때도 예를 들어 "알라스카의 면적은 50만 평방마일입니다"라고 말하는 것보다 "알라스카의 면적은 50만 평방마일로 텍사스 주와 거의 비슷한 규모입니다"라고 말하는 것이 낫다.

리처드 하딩 데이비스는 뉴욕의 청중들에게 소피아의 회교사원에 대해 설명하면서 "5번가에 있는 극장의 공연장만 하다"라고 설명하였다. 그리고 브린디 시에 대해서는 "거꾸로 보면 롱아일랜드처럼 보인다"라고 그림을 그리듯 말해주었다.

마찬가지로 당신이 피라미드의 높이가 451피트라고 말했다면, 청중이 익히 보아오던 건물과 비교하여 부연설명을 해주어야 한다. 20피트라고 하는 대신 강연장 높이의 한 배 반 정도 된다고 설명하는 것이 바람직하다. 마일이나 미터를 사용하여 거리를 설명하는 대신 강연장으로부터 가까운 기차역이나 잘 알려진 곳까지의 거리로 환산하여 설명하는 것이 낫다. 그러면 보다 명쾌하게 의미가 전달될 것이다.

마음속으로 청중 중에서 가장 지적수준이 낮은 사람을 뽑고 그 사람으로 하여금 당신의 연설에 흥미를 느끼도록 하겠다는 자세로 설명을 하는 것이 좋다.

표현하고자 하는 내용이 아련하거나 애매모호하다면 연설에서 실패할 수밖에 없다. 그러므로 의미를 명확하게 전달하기 위해 가능한 한 요점을 형상화하고 요점을 시각화하라. 내셔널 금전등록기회사의 총수인 존 H. 페터슨은 이렇게 말한 바 있다.

"말만으로는 자신을 이해시킬 수 없으며 주의를 집중시켜 그것을 유지해 나갈 수도 없다. 어떤 극적인 효과가 필요한 것이다. 가능하다면 좋은 방법과 나쁜 방법을 보여줄 수 있는 그림을 보여주는 것이 좋다."

물론 모든 주제를 그림이나 전시물로 나타낼 수는 없지만, 가능하다면 그것을 사용하는 것이 좋다. 그것은 주의를 끌고 흥미를 자극하며 의미를 더욱더 명쾌하게 만들어주기 때문이다.

말로써 시각적인 효과를 올리고자 할 경우에는 분명한 영상이 떠오르도록 만들어야 한다. 예를 들어 막연히 '개' 라고 말하는 것보다는 '달마시안' 이나 '불독' 처럼 구체적인 영상이 떠오르는 이름을 들려주는 것이 더 낫다. 그냥 '말' 이라고 하는 것보다는 '검은색 조랑말' 이라고 하는 것이 좀더 생생하게 전달되는 것이다.

나폴레옹은 말을 전달할 때, 중요한 생각은 반복해서 들려주었다. 자신에게 명확한 생각이 다른 사람에게도 똑같이 명확하게 전달되는 것은 아니라는 점을 알고 있었기 때문이다. 물론 똑같은 말로 반복해서는 안 된다. 같은 생각일지라도 새롭고 신선한 문장으로 반복하고 다양한 형태를 띠도록 해야 한다.

일반적인 예화와 특정한 실례도 강한 호소력이 있다. 예를 들어 "놀랄 정도의 막대한 수입을 올리는 직종에 종사하는 사람들이 있다"는 말에서 명쾌함이 전해지는가? 그러한 표현보다는 오히려 "미국의 대통령보다 더 많은 수입을 올리는 사람으로는 변호사, 프로선수, 작곡가, 소설가, 희곡작가, 화가, 배우 그리고 가수들이 있다"는 말이 훨씬 더 명쾌하고 알아듣기 쉽다. 하지만 아직은 구체적인 표현이 부족하다. 그러므로 여기서 더 나아가 이렇게 표현하는 것이 바람직하다.

"유명한 변호사인 사뮤엘 운터메이어와 맥스 스토이어는 1년에 백만 달러가 넘는 수입을 올린다. 잭 뎀프시의 연수입은 약 50만 달러에 달하며 복싱선수인 조 루이스는 20살의 나이에도 불구하고 연간 50만 달러 이상의 수입을 올리고 있다. 어빙 벌린은 그의 재즈곡으로 연간 50만 달러의 수입을 올리고 시드니 킹슬리는 그의 희곡에 대한 인세수입으로 1주일에 1만 달러를 벌었다. H. G. 웰스는 그의 자서전으로 3백만 달러를 벌었고 디에고리베라는 자신의 그림으로 1년에 50만 달러 이상을 번다…"

이제 분명하고 생생한 생각이 떠오르는가?

분명하고 생생한 언어로 구체적으로 말하라. 그러면 듣는 사람에게 깊은 인상과 확신 그리고 흥미를 심어줄 수 있을 것이다.

29.

새롭고 신기한 뭔가를 알려주어라

 지식이나 수준과 결부되는 새롭고 신기한 뭔가를 들려주어야 한다. 물론 너무 생소하고 오래된 것은 오히려 관심의 대상이 되지 못한다. 사람들이 가장 큰 관심을 기울이는 것은 무엇일까? 그것은 바로 그들 자신이다. 제임스 하비 로빈슨 교수는 자신의 저서 〈창조의 마음〉에서 이렇게 말했다.

"우리에게는 우리 자신이 가장 흥미롭다. 따라서 의도적으로 통제하거나 방향을 정하지 않는다면 우리의 생각은 필연적으로 자신의 자아를 향해 흘러가게 된다."

사람들은 이탈리아가 미국에 대한 부채를 청산하느냐 하지 않느냐보다는 자신이 그 날 먹을 요리에 대해 더 큰 관심을 보이게 마련이다. 아시아에서 50만 명의 목숨을 앗아간 지진보다는 자신의 썩은 이로 인한 치통이 더 급하고 절실한 법이다. 따라서 그러한 사람에게는 역사상 가장 위대한 10명의 위인에 대한 이야기보다 치통해결 방법에 대해 이야기하는 것이 훨씬 더 큰 관심을 불러일으킬 수 있다.

상대방이 가장 흥미를 느끼는 주제, 즉 그의 사업이나 골프실력, 성공담에 대해 이야기하라. 상대방이 자녀를 둔 어머니라면 자녀에 대한 이야기를 하는 것도 좋다.

몇 년 전, 〈아메리칸 매거진〉지에서 '흥미로운 인물'이라는 코너를 담당하던 존 M. 시들이라는 사람과 대화를 나누게 되었다.

"사람들은 무척 이기적입니다. 철도를 정부가 소유해야 되는가의 문제에 대해서는 관심이 없지만 승진을 하거나 더 많은 보수를 받거나 건강하게 살아가는 방법에 대한 관심은 많습니다. 만약 제가 이 잡지의 편집자가 된다면 이빨을 닦는 방법, 목욕하는 법, 여름을 시원하게 보내는 법, 승진하는 법, 내 집 마련법 등 대중이 원하는 기사를 다룰 것입니다."

얼마 지나지 않아 시들은 편집자가 되었고 이후 기사가 완전히 바뀌면서 형편없던 판매부수가 20만, 30만 부로 뛰더니 급기야 50만 부에 이르렀다. 물론 여기서 그친 것이 아니다. 입소문이 퍼지면서 그 잡지의 구독자는 백만 명이 넘어섰고 150만 명을 거쳐 급기야 2백만 명에 이르게 되었던 것이다.

사람들이 듣고 싶어하는 것은 설교가 아니다. 청중은 살아있는 이야기, 흥미로운 이야기를 들려주어야만 관심을 보인다. 따라서 가능하면 고된 노력을 기울인 이야기나 그것을 통해 쟁취한 승리의 보람이 깃들어 있는 이야기가 효과적이다. 여러 가지 불리한 여건 속에서도 결국은 성공에 이른 사람들의 이야기는 언제나 청중의 흥미를 자아낼 수 있다. 모든 사람의 삶 속에는 나름대로의 역경과 노력이 존재하기 때문이다. 그러므로 그런 소재를 이야기에 이용하면 자연스럽게 청중의 관심을 유도할 수 있다.

마틴 루터의 소년시절을 말할 때, '고집스럽고 장난꾸러기였다' 라고 말하는 것과 '그를 가르치던 선생님이 한나절 동안 열다섯 번이나 그를 매질해야 했다' 고 말하는 것 중에서 어느 것이 더 청중에게 흥미를 안겨줄까?

'고집스러운 장난꾸러기' 라는 표현은 그다지 사람들의 흥미를 끌어내지 못한다. 하지만 '한나절 동안 열다섯 번이나 매를 맞았다' 는 것은 좀처럼 듣기 어려운 이야기이기 때문에 청중의 흥미를 자아내게 된다.

만약 당신이 나이아가라폭포에서 엄청난 규모의 전력이 낭비된다는 이야기를 하고자 할 때, 있는 그대로의 사실만을 언급한다면 청중의 흥미를 끌어낼 수 없다. 다음은 에드윈 S. 슬로슨이 〈데일리 사이언스 뉴스 불리틴〉지에 기고한 글의 일부이다.

"나이아가라에서는 엄청난 양의 전력, 즉 시간당 25만 개의 빵을 만들 수 있는 전력이 낭비되고 있다. 한 시간이 지날 때마다 엄청난 크기의 오믈렛을 만들 수 있는 60만 개의 싱싱한 계란이 쓸데없이 나이아가라의 절벽 위에서 버려지고 있는 것이다."

아마도 당신은 이 글을 읽으면서 생생한 그림을 그릴 수 있을 것이다. 25만 개의 빵과 60만 개의 계란이 절벽 아래로 쏟아져 내리는 그림을 상상해보라. 이러한 글이나 이야기가 어떻게 사람들의 관심을 불러일으키지 않을 수 있겠는가!

성경이나 셰익스피어의 작품을 보면 이처럼 그림을 연상하게 하는 구절들이 많이 나온다. 예를 들어 보통의 작가라면 '완벽한 것을 개선하고자 하는 노력은 불필요하다' 라고 표현했을 것도 셰익스피어는 이렇게 표현하였다.

"황금에 금박을 입히는 행동, 백합꽃에 색칠을 하려는 행동, 제비꽃에 향수를 뿌리려는 행동."

또한 오랫동안 면면히 이어져 내려오는 속담도 대부분 시각적인 요소를 포함하고 있다.

"덤불 속에 있는 두 마리의 새보다 수중에 있는 한 마리의 새가 낫다."

"말을 물가로 끌고 갈 수는 있어도 억지로 물을 마시게 할 수는 없다."

그렇다고 이런 말을 기계적으로 인용한다고 하여 청중의 흥미를 불러일으킬 수 있는 것은 아니다. 그것은 사람들의 감정과 정신이 개입된 미묘한 문제로 여기에 정확한 원칙은 존재하지 않는다.

무엇보다 중요한 것은 흥미가 전염된다는 사실이다. 말하는 사람이 직접 경험해 본 흥미로운 사실을 들려주면 거의 확실하게 청중의 관심을 끌어낼 수 있다.

리처드 워시번 차일드는 자신이 작가로서 성공할 수 있었던 비결에 대해 이렇게 말한다.

"나는 삶에 대해 너무도 열광하고 있었기 때문에 그것을 기록하지 않고는 도저히 견딜 수가 없었습니다. 사람들에게 그런 일을 꼭 들려주고 싶었지요."

이 정도의 열정을 지닌 사람의 이야기나 글이라면 어떤 청중도 관심을 기울이지 않을 수 없을 것이다. 말하는 사람이 자신의 이야기에 흥미를 보이면 듣는 사람에게 그 흥미가 전염되게 마련이다. 그러므로 자신이 직접 경험해본 생생한 소재를 중심으로 하여 열정적으로 이야기를 들려주어야 한다.

제 3 부

기회는 누구에게나 있다

모든 에너지를 현재에 쏟아 부어라

내일을 준비하는 가장 좋은 방법은 현재 자신이 해야 할 일에 집중하는 것이다. 이것이 바로 미래를 준비하는 유일한 방법이다.

존스 홉킨스 의대를 설립하고 영국 국왕으로부터 기사작위를 수여받은 윌리엄 오슬러 경은 예일대학 학생들 앞에서 이렇게 연설하였다.

"현재에 사십시오. 과거의 문을 닫으십시오. 죽어버린 과거는 무덤 속에 묻어버리십시오. 미래의 짐과 과거의 짐까지 모두 현재에 지고 가려 한다면 아무리 강한 사람일지라도 얼마 못 가 쓰러지고 말 것입니다. 미래의 문도 닫으십시오. 미래란 존재하지 않습니다. 미래를 걱정하는 사람은 정신적 고통과 피로에 지친 나날을 보낼 수밖에 없습니다."

오늘날을 살아가는 대다수의 사람은 미래를 걱정한다. 가족을 지키기 위해 대책을 마련하고 노후를 위해 저축도 한다. 물론 내일을 준비하는 것은 중요한 일이다. 하지만 내일을 걱정할 필요까지는 없다. 걱정에 사로잡히면 그것은 긴장과 신경쇠약으로 이어질 뿐이다.

미국의 병원 침상 중, 절반 이상을 정신질환으로 고통 받는 사람들이 차지하고 있다고 한다. 이것은 우리가 어떤 사고방식으로 살아가고 있는지를 보여주는 사례다. 많은 사람이 과거에 대한 고민과 미래에 대한 걱정으로 상처를 받는 것이다. 만약 그들이 내일을 걱정하지 않고 현재를 살아간다면 행복하고 건강한 삶을 누릴 수 있을 것이다.

현재는 영원히 돌아오지 않을 과거와 미래가 만나는 지점이다. 바로 그곳에 우리가 서 있다. 우리는 단 1초라도 두 개의 지점에서 살 수 없다. 갈 수 없는 과거와 오지 않은 미래를 기웃거리며 현재를 낭비한다면 몸과 마음은 상처만 입게 될 뿐이다. 결국 우리는 아침에 눈을 뜨면서 삶이 시작되어 잠들기 전까지 사는 것이라고 할 수 있다. 로버트 루이스 스티븐슨은 이렇게 말했다.

"아무리 무거운 짐이라도 잠들 때까지만 지고 갈 수 있다. 아무리 힘든 일이라도 단 하루만 그 일을 할 수 있다. 모든 인간은 해질 때까지만 달콤하고 끈기 있고 사랑스럽고 순수하게 살 수 있다."

현명한 사람에게는 매일매일이 새로운 인생이다.

그러므로 어제의 일은 잊고 내일의 일은 생각하지 말아야 한다. 오직 오늘만이 새로운 인생이다. 인간의 본성 가운데 가장 비극적인 것 중의 하나는 현재의 삶에서 도피하고자 하는 것이다. 대다수의 사람은 창가에 핀 장미꽃을 즐기는 대신 지평선 너머의 신비로운 장미정원을 꿈꾼다.

가난한 집안에서 태어나 신문팔이와 구멍가게 점원으로 사회생활을 시작한 에드워드 S. 에반스는 일곱 명의 생계를 책임지는 가장이었다. 좀더 성장한 후에는 도서관 사서의 보조 일자리를 얻게 되었지만 급여가 매우 적었기 때문에 8년여의 세월 동안 늘 경제적 어려움에 허덕여야만 했다.

그러다가 마침내 여기저기서 빌린 55달러로 자기 사업을 시작하게 되었는데, 열심히 노력한 덕분에 1년에 2만 달러의 수입을 올릴 만큼 성공을 거두게 되었다. 그러나 그 행운은 오래 지속되지 않았다. 보증을 서준 친구가 부도를 낸 데다 전 재산을 예치해 둔 은행이 파산하고 말았던 것이다. 빈털터리가 된 그는 1만 6천 달러라는 엄청난 빚까지 지고 말았다. 오랜 경제적 고통으로 허덕이다 간신히 자기 사업으로 빛을 보나 했는데 또 다시 주저앉게 된 것이다.

그는 잠을 잘 수도 음식을 먹을 수도 없었다. 걱정과 고민 때문에 병들어가고 있었던 것이다. 그러다가 어느 날 의식을 잃고 거리에서 쓰러져 병원으로 이송되었다. 마치 뜨거운 열기가 몸 속 깊은 곳에서 끓

어오르는 것 같았던 그는 의사들로부터 2주일 밖에 살 수 없을 거라는 진단을 받았다.

결국 그는 모든 것을 포기하고 침대에 누워 마지막 순간을 기다리기 시작했다.

그런데 그렇게 모든 것을 포기하고 나자 이상하게도 마음의 평안이 찾아왔다. 갑자기 졸음이 쏟아지기 시작했다. 그동안 하루에 2시간 이상을 잠든 적이 없었는데, 모든 것이 끝장났다고 생각하는 순간 깊은 잠에 빠져들었던 것이다. 그렇게 푹 자고 나자 그동안 그를 괴롭히던 온갖 문제들이 하나하나 사라지는 듯한 느낌이 들었다. 더불어 입맛이 다시 돌아왔고 음식을 먹기 시작하면서 그의 체중은 점점 늘어났다.

몇 주일 후 목발 없이 걸을 수 있게 되자, 그는 다시 일을 시작했다. 물론 몸은 힘들고 벌이도 전보다 시원치 않았지만, 마음의 걱정이 사라지자 일을 할 수 있다는 것만으로도 그는 행복했다. 그런 경험을 통해 그는 과거에 대한 걱정이나 미래에 대한 두려움이 아무런 소용없음을 깨닫게 되었다.

이후, 그는 현재에 집중하는 자세로 열심히 노력하여 에반스 프로덕츠라는 회사의 사장이 되었고 훗날 그린란드 공항은 그의 업적을 기리기 위해 에반스라는 이름으로 불렀다.

많은 사람이 현재를 즐기는 대신 과거에 대한 후회와 미래에 대한 두려움에 사로잡혀 있다. 하지만 '오늘은 다시 오지 않는다' 는 단테의 말을 깊이 명심할 필요가 있다. 프랑스의 철학자 몽테뉴조차 그러한 실수를 저지르고 이렇게 후회했다는 사실을 기억하라.

"내 인생은 결코 발생하지 않을 끔찍한 불운으로 가득 차 있었다."

우리의 인생은 초속 19마일의 속도로 우주공간을 달리고 있다. 우리의 삶은 믿을 수 없을 만큼 빠른 속도로 소멸되어 가는 것이다. 우리가 소유한 가장 확실한 재산은 바로 '현재' 이다. 오늘 하루에 당신이 존재하는 모든 진리와 현실이 들어 있다. 그러므로 윌리엄 오슬러 경의 말처럼 과거와 미래의 문을 닫아버리고 현재를 살아야 한다.

31

문제를 해결하는 3단계 공식

젊은 시절, 뉴욕 버팔로의 주물공장에서 엔지니어로 일했던 윌리스 H. 캐리어는 당시로서는 최신기술이라 할 수 있는 가스 정화장치를 개발해 그 장치를 수백만 달러가 투자된 매우 중요한 시설에 설치하였다. 그런데 그 장치를 실험하는 기간이 짧았고 여러 가지 환경이 달랐기 때문인지는 몰라도 정화장치는 기대만큼 기능을 발휘하지 못했다. 그동안 회사에서 투자한 2만 달러는 물론이고 자신이 직업을 잃을지도 모르는 상황이었다. 당황한 그는 고민에 고민을 거듭하느라 잠도 오지 않았고 밥도 먹지 못했다. 머리는 지끈거리고 모든 것이 엉망인 것처럼 생각되었던 것이다.

마침내 문제해결 방법을 찾아보기로 마음먹은 그는 3단계로 이루어진 매우 효과적인 방법을 찾아낼 수 있었다.

1단계에서는 솔직하게 현재의 상황을 객관적으로 분석한다. 그리고 발생 가능한 최악의 결과를 예측해본다. 캐리어에게는 직장을 잃거나 회사가 투자한 돈 2만 달러를 날리는 것이 최악의 시나리오였다.

2단계에서는 자신이 내린 결과를 받아들일 마음의 자세를 갖춘다. 즉, 최악의 상황을 예상해본 다음 필요한 경우 그것을 받아들일 각오를 하는 것이다. 그러면 마음의 평화를 누릴 수 있다. 캐리어는 경력에 커다란 오점이 될 수 있다는 것과 직장에서 쫓겨날지도 모른다는 예측을 했지만, 그래도 새로운 일자리를 구할 수 있을 것이라는 결론을 내렸다. 그리고 회사에서 투자한 돈 2만 달러는 연구개발비로 생각할 수도 있는 문제라는 판단을 했다.

3단계에서는 최악의 사태를 조금이라도 개선시킬 수 있는 방법을 찾아본다. 캐리어는 마음을 가라앉히고 몇 차례 실험을 거듭한 끝에 5천 달러를 투자하여 장비를 보강한다면 문제가 해결될 거라는 결론을 얻었다.

이러한 방법대로 실행한 결과, 캐리어의 회사는 2만 달러를 잃는대신, 1만 5천 달러를 벌어들일 수 있었다.

만약 캐리어가 걱정만 하고 있었다면 결코 그런 성과는 얻을 수 없었을 것이다. 걱정에 휩싸인 사람은 집중력과 결단력을 잃고 방황만 하기 때문이다. 그러나 일단 최악의 상황을 받아들이면 그때부터 엉뚱한 상상에서 벗어나 이성적으로 문제해결에만 집중할 수 있다.

응용심리학의 아버지라고 불리는 윌리엄 제임스 교수는 늘 학생들에게 이렇게 말했다고 한다.

"주어진 상황을 있는 그대로 받아들여라. 그것이야말로 불행한 결과를 극복하는 첫걸음이다."

중국의 사상가 임어당도 〈생활의 발견〉이라는 자신의 저서에서 비슷한 내용을 설파하고 있다.

"마음의 진정한 평화는 최악의 상황을 받아들임으로써 이룰 수 있다. 심리학적으로 그것은 에너지의 해방을 의미한다."

일단 최악의 상황을 인정하면 더 이상 잃을 것이 없다. 이것을 역으로 생각해 보면 그때부터 얻을 것밖에 없는 것이다. 현재의 상황을 수용하지 않고 고민에 휩싸여 있으면 결국 우울증의 희생자로 전락하고 만다.

뉴욕의 어느 석유중개상은 직원들이 저지른 부정행위를 폭로하겠다고 협박하는 정부의 조사관 때문에 고민에 휩싸이게 되었다. 물론 개인적으로는 아무런 잘못도 없었지만 그 일로 법정에 출두한다면 회사의 평판이 악화될 것이고 어쩌면 문을 닫게 될지도 모르는 상황이었다.

아버지로부터 물려받은 사업체를 자신이 망쳐놓았다는 책임감과 고민 때문에 그는 사흘 밤낮동안 먹을 수도 잠을 잘 수도 없었다. 그는 내내 조사관이 요구하는 5천 달러를 주어야 하는지 아니면 그냥 내버려두어야 하는지를 고민하느라 거의 미칠 지경이었다.

그러다가 카네기 대중연설 강습회의 교재에서 보았던 '최악의 상황을 인정하라'는 말이 생각나 자신의 상황을 하나하나 돌아보게 되었다.

그가 내린 최악의 상황은 회사가 문을 닫는 것이었다. 만약 그렇게 된다면 그는 새로운 일자리를 알아보면 된다는 결론을 내렸고 점점 마음의 안정을 찾게 되었다. 그러자 처음부터 문제를 새롭게 조명해 보아야겠다는 지혜로운 아이디어가 떠올랐고 그는 변호사를 찾아갔다. 변호사로부터 지방검사를 찾아가 모든 사실을 털어놓으라는 충고를 받은 그는 그것을 그대로 실행하였다. 그리고 지방검사로부터 몇 달 전부터 그런 협박사건이 자주 발생하고 있으며 그는 정부의 조사관이 아니라 수배중인 전문사기범이라는 사실을 알게 되었다.

극심한 위궤양으로 몸무게가 80킬로그램에서 40킬로그램으로 줄고 의사로부터 '치유불가' 판정을 받은 얼 P. 해니는 겨우 목숨을 연명할 만큼의 음식을 섭취하고, 아침저녁으로 위장 속에 고무튜브를 넣어 내용물을 끄집어내는 삶을 살아가야만 했다.

그러다가 '이렇게 살 바에야 얼마 남지 않은 시간을 최대한 활용하는 것이 낫지 않을까?' 라는 생각을 하게 된 그는 늘 꿈꿔오던 세계여행을 계획했다. 주변 사람들은 모두 불가능한 일이라고 만류했지만 그는 관까지 맞춰 배에 싣고 간호사 한 명을 대동하고는 여행길에 올랐다.

그런데 여행길에서 점점 기분이 좋아진 그는 음식의 섭취량을 점점 늘려갔고, 위장세척 횟수는 줄여가기 시작했다. 몇 주일이 지난 뒤에는 담배를 피우기도 하고 위스키를 마시기도 했다. 실로 몇 년 만에 마음껏 삶을 즐겼던 것이다. 밤에는 배 위에서 게임도 즐겼고 노래를 부르거나 친구들과 잡담을 하기도 했다. 그리고 중국에 이어 인도를 여행할 때는 그곳의 가난과 기아에 비해 자신의 사업상의 문제가 얼마나 하찮은 것인지를 깨달았고 덕분에 온갖 고민과 걱정들을 떨쳐버릴 수 있었다. 그가 고국으로 돌아왔을 때, 몸무게는 40킬로그램이 늘었고 위궤양은 말끔히 사라지고 없었다.

만약 그가 여행길에 올라서도 계속 사업에 대한 걱정만 하고 있었다면 아마도 그는 관에 실려 돌아왔을 것이다. 그는 모든 고민과 걱정을 떨쳐버린 후, 마음의 평화를 느끼게 되었고 새로운 에너지와 생명을 얻게 된 것이다.

32

마음의 병과 싸워 이겨야 오래 산다

"걱정과 싸우는 방법을 알지 못하는 사업가는 빨리 죽는다."

노벨의학상을 수상한 알렉시스 카렐 박사의 이 말은 사업가뿐 아니라 주부, 수의사, 벽돌공 등 누구에게든 적용된다.

O. F. 고버 박사는 걱정의 심리적 영향에 대해 이렇게 말하고 있다.

"병원을 찾아오는 환자 가운데 70퍼센트는 걱정에서 벗어나기만 하면 완쾌되는 사람들이다. 신경성 소화불량이나 특정한 위궤양, 심장질환, 불면증, 두통, 몇몇 마비증세 등은 걱정에서 벗어나면 치료될 수 있다. 걱정은 사람을 긴장시키고 초조하게 만들며 그것은 위장을 자극하여 위액분비를 비정상적으로 만든다. 그것이 원인이 되어 질병이 발병하는 것이다."

메이요 진료소의 W. C. 앨바레즈 박사 역시 1만 5천 명의 위장장애

환자들을 대상으로 연구한 결과 다음과 같은 결론을 얻었다.

"궤양은 감정적 스트레스에 따라 병의 정도가 달라진다."

미국의 기업체 간부 중 3분의 1이 45세가 되기도 전에 심장질환과 궤양, 고혈압에 시달린다는 사실을 알고 있는가! 성공을 위해 우리는 어떤 대가를 치러야 하는가? 직장에서의 승진을 위해 건강을 잃어야 한다면 그것이 과연 성공일까?

어느 유명한 담배회사 사장이 캐나다의 숲에서 여가를 즐기던 중 심장질환으로 세상을 떠났다. 예순한 살의 나이에 부와 명성을 얻은 그는 아마도 자신의 성공과 수명 몇 년을 맞바꿨을 것이다.

메이요 진료소의 발표에 의하면 신경성환자들이 숨을 거둔 뒤, 그들의 뇌를 검사해 보면 대부분 건강한 사람의 신경과 같다고 한다. 결국 그들의 신경질환은 물리적인 이상 때문이 아니라 무력감과 좌절, 걱정과 초조, 두려움과 절망감, 패배감에서 비롯되었던 셈이다.

걱정과 두려움은 건강한 사람도 쓰러뜨릴 수 있다.

남북전쟁이 막바지로 치닫고 있을 무렵, 그랜트 장군은 맹렬한 추격으로 남군의 모든 퇴로를 차단했고 보급열차도 탈취하였다. 하지만 그는 승리를 거두면서도 극심한 두통에 시달렸고 마침내 대열에서 벗어나 휴식을 취하게 되었다.

그는 두통에 겨자가 좋다는 말을 듣고 뜨거운 겨자 물에 발을 담그고 겨자를 으깨어 목과 팔에 붙이고는 두통이 사라지기를 기다렸다. 다음 날 아침, 그의 두통은 거짓말같이 사라졌다. 물론 그의 두통을 치료한 것은 겨자가 아니라 항복을 선언한 리 장군의 편지였다. 전령이 도착했을 때까지도 두통에 시달리고 있던 그랜트 장군은 편지를 읽는 순간 두통이 사라져버렸던 것이다. 그의 두통은 걱정과 긴장이 원인이었다. 원인이 사라지자 그의 두통은 거짓말처럼 사라져버렸다.

군이 멀리 갈 것도 없이 우리 주변에는 걱정으로 인해 고통 받는 사람들이 매우 많다. 돈 걱정 때문에 신경쇠약에 걸린 사람도 있고 주식 시세 걱정 때문에 당뇨병에 시달리는 사람도 있다. 걱정에 사로잡힌 사람은 류머티즘과 관절염으로 평생 동안 휠체어의 신세를 지기도 한다. 심지어 걱정을 많이 하면 이도 썩는다고 한다. 실제로 완벽한 치아를 갖고 있던 어떤 남자가 아내의 갑작스러운 병 때문에 걱정에 사로잡히자 아내가 입원하는 3주일 동안 무려 9개의 충치가 생겼다고 한다.

언젠가 갑상선 증세로 고통 받고 있는 한 친구와 함께 병원을 찾아간 적이 있다. 38년 동안 그러한 증세를 치료해 온 유명한 전문의 이스라엘 브램 박사는 먼저 이렇게 물었다.

"어떤 마음의 상처가 있기에 이 지경이 되었습니까? 걱정에서 벗어나지 않으면 심장병과 위궤양, 당뇨병 등의 합병증까지 발병할 것입니다.”

“마음의 상처가 이 병과 무슨 상관이 있나요?”

“마음의 상처와 그런 병들은 서로 밀접하게 연관되어 있지요.”

특히 여자의 아름다움을 해치고 시들게 만드는 가장 중요한 요인 중의 하나는 걱정과 근심이다. 걱정은 표정을 일그러뜨리고 어금니를 앙다물게 하며 깊은 주름살이 패이게 하는 것이다. 그것이 지속되면 인상 자체가 달라진다. 여기서 더 나아가면 머리칼이 하얗게 되고 심지어 탈모현상이나 피부병이 발병한다.

제2차 세계대전 동안 30만 명이 넘는 미국인이 전사하였다. 하지만 그 기간동안 심장질환으로 사망한 미국인은 무려 2백만 명에 달한다. 그 가운데 백만 명은 근심과 긴장으로 인한 심장질환자들이다.

만약 당신이 늘 근심 걱정에 빠져 있다면 머지않아 협심증이라는 고통에 시달릴지도 모른다.

어떻게 해야만 인생을 사랑하고 오래도록 즐겁고 건강하게 살아갈 수 있을까? 알렉시스 카렐 박사의 말이 이 질문에 대한 대답이 될 것이다.

“복잡한 현대문명 속에서도 내적 자아의 평화를 유지할 수 있는 사람은 신경질환에 대한 예방주사를 맞은 것과 같다.”

헨리 데이빗 소로우는 〈월든〉에서 이렇게 말하고 있다.

"나는 인간에게 의도적인 노력을 통해 삶을 고양시킬 수 있는 능력이 있다는 사실을 알고 있다. 만약 자신이 꿈꾸는 삶을 위해 꾸준히 노력한다면 자신도 모르는 사이에 어느 덧 성공을 이루게 될 것이다."

암에 걸려 서서히 죽어가야 하는 운명에 처했던 올가 K. 자비는 너무도 절망적인 나머지 담당의사에게 전화를 걸어 미친 듯 울면서 하소연을 했다. 그때, 의사는 차분하게 충고했다.

"벌써 용기를 잃었습니까? 그렇게 절망에 빠져 있으면 당신은 틀림없이 죽을 겁니다. 지금은 최악의 상황입니다. 그 상황을 받아들이십시오. 그리고 걱정을 떨쳐버리십시오. 그런 다음 대책을 생각해 봐요."

그녀는 더 이상 걱정에 휩쓸리지 않겠다는 맹세를 했고 치료를 통해 뼈가 앙상하게 드러나고 온몸이 납덩이처럼 무거워졌어도 결코 울지 않았다. 그 대신 있는 힘을 다해 미소를 지었다. 물론 미소를 짓는다고 암이 치료되는 것은 아니지만, 마음을 밝게 가진다면 질병과 싸우는데 도움이 될 것이라는 믿음이 있었고 결국 그녀는 기적적으로 암을 극복할 수 있었다.

'걱정과 맞서 싸우는 방법을 알지 못하는 사람은 일찍 죽는다' 는 말은 곧 걱정과 맞서 싸우는 방법을 아는 사람은 새로운 삶을 개척할 수 있다는 것을 의미한다.

33.

걱정의 90퍼센트를
날려버리는 요령

사람이 일단 고민의 늪에 빠져버리면 계속 그 속에서 허우적거리게 된다. 끊임없이 악순환하는 고민의 고리를 끊지 못하기 때문이다. 하지만 구체적으로 결론을 내리게 되면 고민의 50퍼센트는 사라지게 된다. 결론을 내리기 위해 정리하는 순간에 이미 고민의 40퍼센트가 날아간다. 결국 다음의 네 가지 단계를 거치면 걱정의 90퍼센트를 날려버릴 수 있다.

첫째, 고민거리가 무엇인지 정확하게 기록한다.

둘째, 현재 취할 수 있는 조치가 무엇인지 적는다.

셋째, 어떻게 할 것인지를 결정한다.

넷째, 결정된 일을 당장 실천한다.

여기서 무엇보다 중요한 것은 '결정된 일을 당장 실천한다' 이다.

자신이 결정한 일을 실천하지 않는다면 고민거리를 분석하고 취할 조치를 따져보는 것은 아무런 의미가 없기 때문이다.

응용심리학의 아버지라 불리는 윌리엄 제임스 교수는 이렇게 말했다.

"일단 결정을 내리고 실천만 남았다면 결과에 대한 모든 책임과 두려움은 무시해도 좋다."

이것을 한 마디로 말한다면 사실에 근거하여 신중하게 결정을 내렸다면 그것을 곧바로 실천해야 한다는 것이다. 자꾸만 되돌아보면서 망설일 필요는 없다. 지나치게 문제에 매달리면 혼란과 근심을 초래할 뿐이다. 어떤 문제든 일단 결정을 내리고 행동을 시작했다면 다시는 뒤돌아보지 않아야 한다.

고민이 생기면 다음과 같은 질문에 대답하면서 그것을 해결할 방법을 모색해 보도록 하라.

첫째, 나는 지금 무엇을 걱정하고 있는가?

둘째, 그것에 대해 내가 할 수 있는 것은 무엇인가?

셋째, 내가 취하고자 하는 행동은 무엇인가?

넷째, 나는 언제 그 행동을 시작할 것인가?

알렉시스 카렐 박사의 말처럼 걱정과 맞서 싸우는 방법을 알지 못하는 사람은 일찍 죽고 만다는 사실을 기억하라. 우리의 삶에 있어서 걱정과 두려움은 그만큼 치명적이다. 그렇다면 우리가 안고 있는 고민의

단 10퍼센트만이라도 줄일 수 있다면 좋은 일이 아닐까?

미국의 사이먼 앤드 슈스터 출판사에서 오랫동안 간부로 일해 온 레온 심킨 역시 자신에게 문제가 있음을 깨닫고 고민하게 되었다.

"15년 동안 출판업에 종사하면서 근무시간의 절반 정도를 이런저런 결정을 내리기 위한 회의시간으로 보내버렸습니다. 늘 긴장과 논쟁의 연속이었죠. 저녁만 되면 극도로 피로감이 몰려왔습니다. 남은 인생도 그런 식으로 살 수밖에 없을지도 모른다는 생각이 들자 고민이 되더군요. 하지만 이제는 그 회의시간을 4분의 1로 줄였고 업무적인 효율뿐 아니라 건강과 행복에도 커다란 도움을 받고 있습니다."

그가 무슨 마술이라도 부렸던 것일까? 아니다. 그는 아주 간단한 조치를 취했을 뿐이다. 회의방법에 어떤 문제가 있는지 검토해본 그는 먼저 15년 동안 회의 때마다 반복되었던 절차를 없애버렸다. 문제점을 일일이 늘어놓은 다음 어떤 대책을 세워야하느냐고 묻는 단계를 없앴던 것이다. 그리고 새로운 규칙을 만들어 실행하였다. 그 규칙이란 문제를 제기하는 사람이 반드시 다음의 네 가지 질문에 대해 간단하게 메모하도록 미리 준비시키는 것이다.

첫째, 문제가 무엇인가?

기존에는 구체적인 문제가 무엇인지도 모르는 상태에서 한두 시간 동안 난상토론을 벌였다.

둘째, 문제의 원인은 무엇인가?

원인을 파악하지 못하면 엄청난 회의시간을 낭비할 수 있다.

셋째, 문제를 해결하기 위한 방법은 무엇인가?

해결방법을 미리 정리해놓으면 반론을 위한 반론으로 시간을 낭비하지 않아도 된다.

넷째, 문제제안자의 해결책은 무엇인가?

사전에 해결책을 생각해봄으로써 회의시간에 급하게 생각해낸 엉뚱한 해결책을 제시하는 우를 범하지 않을 수 있다.

이러한 규칙을 정하고 난 뒤, 사이먼 앤드 슈스터 출판사에서는 아예 회의 자체가 줄어들었고 꼭 필요한 경우에도 회의시간이 기존의 3분의 1로 줄어들었다. 그것은 결론을 도출하는 과정이 단계적이고 논리적이었기 때문이다. 그리고 토론을 벌이는 시간보다 행동을 위한 시간이 훨씬 더 많아졌다.

미국에서 가장 유명한 생명보험사의 세일즈맨인 프랭크 베트거 역시 이와 비슷한 방법으로 침체기에서 벗어나 성공하게 되었다고 한다. 초기의 열정이 사라지고 그에게는 회의감이 찾아왔지만 차분히 문제의 원인을 분석하고 행동을 변화시켜 성공의 길로 들어섰던 것이다.

그는 세 가지로 자신의 문제를 분석해보았다.

첫째, 문제가 무엇인가?

그것은 바로 들인 노력에 비해 성과가 적다는 것이었다. 상품소개는 잘하고 있었지만, 결정적인 순간에 고객의 사인을 받아내지 못했던 것이다.

둘째, 문제를 어떻게 해결해야 할까?

문제해결을 위해 사실 분석에 들어간 그는 지난 1년간의 업무일지를 살펴보고 놀라운 사실을 발견했다. 실적의 7퍼센트는 고객과의 첫 번째 만남에서 이루어졌고 두 번째 만남으로 계약이 체결된 것은 23퍼센트였다. 하지만 세 번 이상 만나서 계약이 성사된 경우는 7퍼센트에 지나지 않았다. 같은 고객을 세 번 이상 만나는 것은 별다른 효과가 없음에도 불구하고 겨우 7퍼센트를 위해 업무시간의 절반을 사용했던 셈이다.

셋째, 결론은 무엇인가?

두 번 이상의 만남을 배제하고 그 대신 남는 시간을 새로운 고객을 개척하는데 투자한다.

결과적으로 그는 짧은 시간에 두 배 이상의 성과를 올리게 되었다.

문제를 분석하라. 그러면 당신의 고민은 대폭 줄어들 것이다.

일에 몰두하면
고민은 저절로 사라진다

다섯 살배기 딸에 이어 태어난 지 닷새밖에 안 되는 딸을 연이어 잃은 마리온 J. 더글러스는 삶의 의욕을 완전히 잃고 말았다. 그는 잠을 잘 수도 먹을 수도 쉬거나 긴장을 풀 수도 없었다. 신경은 극도로 약해졌고 자신감은 그림자조차 찾아보기 어려울 지경이었다.

결국 그는 의사를 찾아갔지만 의사들이 권한 것은 수면제와 여행이었고 그것을 시도해보아도 별다른 효과가 없었다. 깊은 슬픔에 빠져 무력해진 사람에게 수면제와 여행은 별다른 효과를 가져다주지 못했던 것이다. 하지만 다행스럽게도 그에게는 네 살짜리 아들이 하나 있었다.

어느 날, 그가 좌절감에 무기력하게 앉아 있는데 아들이 다가와 말했다.

"아빠, 배를 만들어주세요."

아무것도 할 수 없었던 그는 그냥 물끄러미 아들만 바라보고 있었는데, 아이가 하도 오랫동안 끈질기게 졸라대는 바람에 결국 배를 만들어주었다. 그는 꼬박 세 시간이나 걸려 배를 완성하였다. 그때, 문득 그는 그 세 시간 동안 실로 오랜만에 마음의 평화를 느꼈다는 사실을 깨달았다. 뭔가에 열중하다 보면 고민은 사라진다는 것을 알게 된 것이다.

그날 밤, 그는 집안 구석구석을 돌아다니며 일거리를 찾아 노트에 기록했다. 계단, 창문, 문고리, 책장, 자물쇠, 틈새 등 집안에는 그가 손을 봐야 할 곳이 상당히 많았다. 그는 2주일 동안 곰곰이 생각에 잠겨 자신이 해야 할 일의 목록을 무려 242개나 작성하였다.

"지난 2년 동안 저는 그 일을 모두 해냈습니다. 물론 지금도 열심히 활동적인 일을 찾아내 하고 있습니다. 예를 들면 성인교육 프로그램에 참여한다거나 지역봉사활동, 학부모활동 등 여러 개의 모임에서 일하고 있습니다. 이젠 너무 바빠서 고민할 시간이 없습니다."

'고민할 시간이 없다'는 것은 제2차 세계대전이 한창일 무렵 어느 기자가 윈스턴 처칠에게 막대한 책임에 따른 부담감이 없느냐고 물었을 때, 그가 대답했던 내용과 같다.

"너무 바빠서 그런 고민을 할 시간이 없소."

자동으로 시동이 걸리는 자동차를 발명할 무렵, 찰스 캐터링 역시 비슷한 처지에 있었다. 그는 너무 가난해서 건초더미 창고를 연구실로 이용했고 부인이 피아노 레슨으로 벌어들이는 돈으로 근근이 살아가야만 했다. 더욱이 연구를 거듭하느라 보험회사에서 5백 달러를 대출받기도 했다.

그 부인은 당시의 상황에 대해 이렇게 말한다.

"저는 잠을 이룰 수 없을 만큼 걱정을 했습니다. 하지만 남편은 조금도 고민하지 않더군요. 오로지 연구에만 매달려 있었기 때문에 아예 고민할 시간조차 없었던 거죠."

바쁘게 사는 것이 걱정을 몰아내는 까닭은 무엇인가?

그것은 바로 인간의 두뇌가 주어진 시간에 한 가지 이상의 일을 할 없기 때문이다. 어떤 사람도 두 가지 생각을 동시에 할 수는 없다. 만약 이것이 믿기지 않는다면 내일의 스케줄과 자유의 여신상에 대해 동시에 떠올려보라. 아마도 각각 교대로 떠올릴 수는 있을지언정 동시에 두 가지를 떠올릴 수는 없을 것이다.

마찬가지로 어떤 일에 몰두하면서 고민거리를 동시에 떠올릴 수는 없다. 하나의 감정은 다른 감정을 몰아내기 때문이다. 정신과에는 간단한 노동으로 정신병을 치료하는 '작업요법' 이라는 것이 있는데 이것은 이미 기원전 500년부터 고대 그리스 의사들에 의해 이용되었다고 한다.

헨리 W. 롱펠로우의 아내는 어느 날 촛불로 봉랍을 녹이다 그만 옷에 불이 붙어 타죽고 말았다. 그 끔찍한 경험으로 인해 롱펠로우는 한동안 거의 미칠 지경이 되어 버렸다. 하지만 그에게는 돌보아야 할 자식이 셋이나 있었고 엄청난 슬픔 속에서도 그는 엄마의 역할까지 해야만 했기에 서서히 아픔에서 벗어날 수 있었다.

절망으로 쓰러지지 않기 위해서는 일을 해야만 한다. 한 가지 일에 몰입하여 자기 자신조차 잊어야 하는 것이다. 그러면 절대로 고민에 빠지지 않는다. 하지만 하루의 일과가 끝나면 많은 사람들이 고민에 빠지게 된다. 가장 행복하고 여유로워야 할 순간에 고민이라는 악마의 공격을 받는 것이다.

사람의 마음이란 한가할 때, 진공상태가 되기 마련이다. 그리하여 혼란이 찾아들고 작은 일을 끄집어낸다거나 사소한 실수를 터무니없이 확대하기도 한다.

세계적인 여성 탐험가 오사 존슨은 남편과 함께 비행 중에 산 속에서 추락하는 사고를 당했다. 마틴 존슨은 그 자리에서 죽었고 오사는 다시는 걸을 수 없을 것이라는 진단을 받았다. 석 달 후, 그녀는 휠체어를 타고 다니며 대중 앞에서 강연을 하였고 한 계절에 100여 회의 강연을 하는 바쁜 일정을 소화해냈다. 그녀는 자신이 바쁘게 사는 이유에 대해 이렇게 말했다.

"바쁘게 살아야만 슬픔과 비탄에 빠질 시간이 없어집니다."

다섯 달 동안 남극의 만년설에 둘러싸여 오두막집에서 고독한 생활을 했던 버드 제독 역시 그러한 진리를 터득하였다. 낮과 밤을 구별할 수 없을 만큼 언제나 칠흑 같은 어둠 속에서 제정신을 유지하며 살아가기 위해 그는 필사의 노력을 기울여야만 했다.

그리하여 그는 잠들기 전에 항상 다음 날의 계획을 세웠다. 예를 들면 탈출 터널을 파는데 1시간, 터널을 평평하게 다지는데 30분, 연료 드럼통을 두들겨 펴는데 2시간 등 나름대로 해야 할 일의 목록과 시간을 정해두고 열심히 움직였던 것이다. 극한의 고통을 이겨낸 그는 "만약 하루의 계획이 없었다면 목적 없이 방황하면서 내 삶은 망가지고 말았을 겁니다"라고 말했다.

자신을 정신없이 바쁘게 만들면 공상과 잡념을 이겨낼 수 있다. 공상과 잡념은 의지력과 자신감을 빼앗아가지만 그럴 만한 여유가 없을 만큼 바쁘게 움직이면 고민하는 습관에서 벗어날 수 있는 것이다.

조지 버나드 쇼는 이렇게 말했다.

"비참해지는 비결은 자신이 행복한가 혹은 불행한가를 생각할 여유를 갖는데 있다."

행복과 불행에 대해 고민하느라 시간을 낭비할 필요는 없다. 정신없이 바쁘게 살아야 한다. 쉬지 않고 바쁘게 움직이면 활력과 생명의 물줄기가 마음속의 고민을 깨끗이 몰아낼 것이다.

35.

지금의 고민이 정말로 중요한 일인가!

뉴저지에 사는 로버트 무어는 자신이 해군시절에 겪은 이야기를 극적으로 들려주고 있다.

"1945년 3월, 나는 87명의 병사들과 함께 잠수함을 타고 인도차이나 근해의 해저에 있었습니다. 그때, 일본군 호위선단이 다가왔습니다. 우리는 좀더 밑으로 잠수하여 어뢰 세 발을 발사했습니다. 하지만 명중되지 않았고 오히려 우리가 공격을 받게 되었습니다. 우리는 곧바로 해저 150피트까지 잠수한 뒤, 적의 레이더망에 잡히지 않도록 보조해치까지 잠그고 모든 전기기구도 껐습니다.

3분 후, 6개의 수중폭뢰가 우리 주위에서 터졌습니다. 우리의 잠수함은 수중 276피트까지 가라앉고 말았습니다. 상당히 위험한 순간이었죠. 겨우 15피트 거리에서 폭뢰는 계속해서 터졌습니다. 공포에 질려 온몸이 부들부들 떨렸습니다. 선풍기와 에어컨이 돌아가지 않는 상황이라 잠수함 내부의 온도는 섭씨 40도가 넘었지만 나는 털옷에 가죽 재킷까지 걸치고도 몸은 물론 이까지 딱딱 부딪쳤습니다.

그때 머릿속에서는 과거의 순간들이 하나하나 떠올랐습니다. 해군에 입대하기 전 은행에 근무하면서 내가 저질렀던 잘못, 사소한 걱정거리, 다툼, 기분 나빴던 일 등 하찮은 일들이 생각났던 것입니다. 그런데 죽음을 앞둔 상황에서 그런 일은 너무도 작고 사소한 고민거리에 지나지 않았습니다. 그렇게 하찮은 일들 때문에 고민했다는 것 자체가 우습고 한심할 지경이었죠. 그때 저는 맹세했습니다. 살아나갈 수만 있다면 절대로 그런 하찮은 일로 고민하지 않겠다고 말입니다. 잠수함 안에서 공포에 떠는 동안 대학에서 4년간 배운 것보다 더 많은 삶의 지혜를 배우게 되었습니다."

사실, 우리는 너무도 사소한 것을 가지고 아옹다옹한다.

버드 제독이 남극의 극심한 추위와 싸우면서 깨닫게 된 것 중의 하나도 바로 그것이다. 그의 부하들이 중요한 일들보다는 사소한 일에 더 많이 다투었던 것이다. 그들은 엄청난 위험과 고난, 영하 80도 이하의 추위는 묵묵히 견뎌내면서도 자신의 공간을 옆 사람이 조금만 침범해도 다투거나 음식 먹는 습관에 대해 타박하기 일쑤였다고 한다.

시카고의 판사인 조셉 사바스는 4만 건이 넘는 불행한 부부들을 중재한 후 이렇게 말했다.

"대부분의 불행한 결혼생활은 사소한 갈등에서 비롯된다."

사소한 일이 심한 부부싸움을 일으키고 서로에게 깊은 상처를 준다는 것이다. 범죄의 50퍼센트도 허세나 말다툼, 모욕적인 말, 비방, 무례한 행동 등 사소한 문제에서 비롯된다고 한다. 사소한 일이 폭행과 살인을 낳고 마는 것이다. 처음부터 그럴 만한 범죄동기를 가진 사람은 극히 일부분에 지나지 않는다.

자존심과 자만심에 약간의 손상을 주는 일은 그냥 어깨 한번 으쓱하거나 웃어넘길 수 없는가!

마음의 평화를 원한다면 사소한 걱정거리는 떨쳐버려야 한다. 작은 고민에 너무 집착하게 되면 자신도 모르게 고민의 수렁 속으로 빠져들게 될 뿐이다.

작가인 호머 크로이는 뉴욕의 한 아파트에서 글을 쓰고 있을 때, 고장 난 라디에이터의 칙칙거리는 소음 때문에 도무지 정신을 집중할 수가 없었다고 한다. 소리가 들려올 때마다 자신의 머리에서도 열기가 새어나오는 듯한 착각이 들어 참을 수 없게 된 그는 몇몇 친구와 함께 캠핑을 떠나버렸다.

그런데 캠핑장에서 타들어가는 모닥불을 보고 있노라니 그것이 고장 난 라디에이터의 소음과 비슷한 것이 아닌가. 그는 그 자리에서 왜 비슷한 소리인데 하나는 소음으로 들리고 다른 하나는 기분 좋은 소리로 들리는지 생각해 보았다. 그리고 집으로 돌아왔을 때, 스스로를 타일렀다.

'모닥불이 타는 소리와 라디에이터의 소리는 모두 똑같다. 나는 굳이 캠핑을 가지 않더라도 모닥불이 타는 멋진 소리를 늘 들을 수 있다.'

그리하여 그는 괴로운 고민에서 벗어날 수 있었다.

디즈레일리는 "사소한 일에 연연하기에는 우리의 인생이 너무 짧다"고 말한 바 있다. 실제로 우리가 이 세상에서 살다가는 시간은 겨우 몇 십 년에 지나지 않는다. 그럼에도 불구하고 우리는 1년만 지나면 사람들의 머릿속에서 잊혀질 불평과 불만에 대해 고민하느라 귀중한 시간을 낭비하고 있다. 인생은 길지 않다. 그러므로 인생을 보다 가치 있는 일, 위대한 사상, 진실한 사랑 등 영원히 빛날 일에 써야 한다.

콜로라도 주 롱피크에 4백 년이 넘은 거목이 서 있었다. 그 나무는 콜럼버스가 산살바도르에 상륙했을 무렵에는 묘목이었을 것이고 청교도들의 플리머스 이주 무렵엔 어느 정도 자란 상태였을 것이다. 그 후, 그 나무는 열 네 번이나 벼락을 맞았고 4세기에 걸쳐 수많은 눈사태와 폭풍우를 이겨냈다.

그런데 그 엄청난 시련을 꿋꿋이 견뎌낸 거목이 마침내 쓰러지고 말았다. 그것을 쓰러뜨린 것은 아주 작은 딱정벌레였다. 벌레들이 나무

껍질을 파먹어 결국에는 나무의 생명까지 삼켜버리고 말았다. 오랜 세월동안 온갖 시련을 견뎌낸 거목이 손끝으로 잡을 수 있는 작은 벌레 때문에 쓰러지고 만 것이다.

어쩌면 인간도 마찬가지일지 모른다. 인생의 온갖 폭풍과 고난은 잘 견뎌내면서 정작 고민이라는 사소한 문제 때문에 온갖 질병을 유발시키고 있는 것은 아닐까?

언젠가 친구들과 테튼 국립공원을 여행한 적이 있다. 그곳에서 존 D. 록펠러 저택을 구경하러 가다가 길을 잘못 들어 일행과 헤어졌고 한 시간이나 늦어졌다. 그로 인해 열쇠를 갖고 있던 사이프레드는 사납고 극성스러운 모기와 한 시간을 다뤄야만 했다. 그렇다면 그가 온갖 불만과 불평에 가득 찬 모습으로 모기와 싸우고 있었을까? 그렇지 않았다. 그는 사시나무 가지를 꺾어 풀피리를 만들어 혼자 신나게 놀고 있었다.

하찮고 사소한 일에 마음을 빼앗길 필요는 없다. 그런 일에 신경을 쓰기에는 우리의 인생이 너무도 짧기 때문이다.

36

평균율의 법칙에 따르면…

사람이 벼락을 맞아 죽을 확률은 35만분의 1이라고 한다. 산 채로 매장당할 확률은 합법적으로 순장이 존재했던 시대에도 천 만분의 1에 지나지 않았다. 사실, 평균율을 고려해본다면 우리가 실제로 겪는 걱정거리의 10분의 9는 줄어들 것이다.

그럼에도 불구하고 사람들은 희박한 걱정을 하고 있다. 그러한 심리를 이용하여 백만장자가 된 회사가 바로 로이드보험사이다. 그들은 사람들이 걱정하는 일이 실제로 일어나지 않을 것이라는 쪽에 승부수를 띄우고 그것을 도박이라고 하는 대신 '보험'이라는 말로 불렀을 뿐이다.

평균율의 법칙을 생각해 보면 우리는 깜짝 놀랄만한 사실을 알게 된다. 만약 당신이 5년 이내에 게티즈버그 같은 전쟁에 참가해야 한다면 어떻게 할까? 아마도 두려움에 떨며 가능한 한 모든 보험에 가입해두고 유언장을 작성하며 여러 가지 일들을 정리할 것이다. 어쩌면 죽을지도 모른다는 생각에 남은 시간을 마음껏 즐겨야겠다고 마음먹을지도 모른다. 하지만 게티즈버그 전쟁에서 사망할 위험률은 평화 시에 50세부터 55세 사이의 사망 위험률과 같다고 한다.

샌프란시스코에 사는 샐린저 부인은 조용하고 침착한 편으로 근심 걱정에 휩싸이는 일이 없었다. 하지만 그녀가 처음부터 그런 성격이었던 것은 아니다.

쇼핑을 하러 나가서도 다리미를 그냥 꽂고 나와 집에 불이 난 것은 아닌지, 가정부가 아이들을 두고 혼자 외출한 것은 아닌지, 아이들에게 사고가 난 것은 아닌지 등 온갖 불안과 걱정에 휩싸여 쇼핑을 하다 말고 도중에 달려오기 일쑤였던 것이다. 그러한 성격 탓으로 첫 번째 결혼에서 실패한 그녀는 차분하고 이성적인 두 번째 남편을 만나 새로운 것을 알게 되었다.

허버트 H. 샐린저는 아내가 긴장을 하면 이렇게 다독였다.

"긴장을 풀고 차근차근 따져봅시다. 당신을 그토록 긴장시키는 것은 대체 무엇일까? 평균율의 법칙으로 당신이 걱정하는 것이 실제로 일어날 확률을 따져봅시다."

한번은 둘이서 장거리 운전을 하던 중 끔찍한 폭풍우를 만나게 되었다. 차는 계속 흔들리고 바퀴가 자꾸 미끄러지자 그녀는 안절부절못하고 두려움에 떨었다. 줄곧 차가 진흙탕에 처박힐 것이라는 생각만 하고 있었던 것이다. 하지만 샐린저는 아내를 안심시키며 말했다.

"지금 신중하게 운전을 하고 있어요. 아무 일 없을 테니 너무 걱정 말아요. 설사 당신의 생각대로 차가 진흙탕에 빠질지라도 평균율의 법칙에 의하면 우리에게 큰 사고는 없을 거요."

샐린저의 침착성과 확신은 그녀의 두려움을 한 방에 날려버렸다. 그녀는 이렇게 말한다.

"평균율의 법칙에 따르면 실제로 그런 일이 일어날 확률은 아주 희박하다는 것은 내 걱정의 90퍼센트를 덜어주었습니다. 이후, 저는 20여 년 동안 평화롭고 행복하게 살아왔습니다."

사실, 인간이 걱정하는 것은 대부분 현실이 아니라 생각 속에서만 존재하는 경우가 많다. 평균율에 적용해 보면 그런 일이 실제로 벌어질 확률은 지극히 낮음에도 불구하고 막연한 두려움과 불안감에 휩싸이는 것이다.

뉴욕에서 제임스 A. 그랜트 운송회사를 운영하는 짐 그랜트는 화물 열차로 오렌지와 포도를 열 대에서 열다섯 대 분량을 주문하면서 늘 불안감에 시달렸다. 혹시 기차가 전복되는 것은 아닌지, 철로가 내려 앉지는 않을지, 약속한 시간 내에 물건이 제대로 도착할 것인지 등을 항상 걱정했던 것이다.

근심 걱정으로 속이 편치 않아 위궤양이라도 걸린 것이 아닌가 하고 병원을 찾은 그는 별다른 이상은 없고 신경과민이라는 진단을 받았다. 그때, 그는 자신의 사업에 대해 곰곰이 따져보았다. 그랬더니 지금까지 약 2만 5천 대 분량의 과일을 받았는데 그중에서 대 여섯 대 정도만 사고가 났을 뿐이었다. 그것을 평균율의 법칙에 적용해 보았더니 화물 열차에 사고가 생길 확률은 겨우 5천분의 1에 지나지 않았다. 그는 자신이 그런 확률 때문에 그때까지 속을 끓였다는 생각을 하니 기가 막혔다.

더구나 기차가 전복된다거나 철로가 가라앉은 경우는 한번도 없었다. 짐 그랜트는 이렇게 말한다.

"생각해보니 내 자신이 참으로 한심하게 여겨지더군요. 한번도 일어난 적이 없거나 5천분의 1의 확률 때문에 위궤양을 의심할 정도로 속을 끓였기 때문이죠. 이후로는 걱정 근심을 평균율의 법칙에 맡기기로 마음먹었습니다. 그러자 소화가 안 된다거나 속이 쓰리는 일이 전혀 없더군요."

마음이 불안할 때는 지금까지의 상황을 곰곰이 따져보고 그 근거를 검토해보라.

포탄이 떨어지는 전쟁터의 참호 속에서 극도의 불안감에 시달렸던 프레드릭 J. 말스테드는 현실을 곰곰이 따져봄으로써 불안감에서 벗어날 수 있었다고 한다. 밤마다 공격을 퍼붓는 독일군의 폭탄 때문에 겁에 질려 있던 그는 처음 2, 3일 동안은 뜬 눈으로 밤을 지새웠다. 그리고 4, 5일 째는 거의 미칠 지경이 되어 포탄 때문이 아니라 미쳐서 죽을지도 모른다는 생각이 들 정도였다.

5일째 되던 날, 그는 문득 자신이 살아있다는 사실과 동료들도 무사하다는 것을 깨닫게 되었다. 그 순간, 그는 뭔가에 몰두하고 근심과 불안감으로부터 벗어나야겠다는 생각을 하게 되었고 파편 방패막이로 덮개를 만들어 참호를 덮었다. 그리고는 참호 속에서 죽을 확률에 대해 생각해 보았다. 직격탄을 맞지 않는 한 참호는 안전했으므로 그가 죽을 확률은 만분의 1이 될까 말까한 상황이었다. 그런 생각을 하자, 마음이 가라앉고 포탄 속에서도 잠을 잘 수 있었다.

그렇다면 유조선이 어뢰에 맞을 확률은 얼마나 될까?

미 해군에서는 유조선 근무를 두려워하는 군인들을 안심시키기 위해 평균적인 확률을 공개하였다. 그 내용에 따르면 어뢰에 명중된 100척의 유조선 중에서 60척은 침몰하지 않았고 침몰한 40척도 10분 이내에 침몰한 것은 겨우 5척에 지나지 않았다고 한다. 이것은 곧 설사 침몰을 하더라도 배에서 탈출할 수 있는 시간적 여유가 있다는 것을 의미한다. 그러한 발표로 인해 군인들의 사기는 올라갔고 더불어 불안감도 제거할 수 있었다. 평균율의 법칙에 의하면 자신들이 사망할 확률이 거의 없다는 것을 알았기 때문이다.

뭔가에 대해 근심과 걱정을 하고 있다면 다음의 두 가지를 자문자답해 보라.

첫째, 근심스러운 일이 실제로 일어날 것인가?

둘째, 평균율의 법칙에 의하면 어느 정도의 확률이 있는가?

37

어쩔 수 없는 일은 받아들여라

살다보면 우리는 어떤 불가항력적인 일에 부딪치기도 한다. 선택은 자기 자신에게 달려있다. 그것을 받아들여 자신을 적응시키든가 아니면 반항하면서 헛된 인생을 살아가는 것이다.

정말로 불가피하다면 인간은 어떤 일이라도 받아들일 수 있다. 그 상황 자체를 받아들임으로써 그것을 잊을 수 있는 것이다. 달리 방법이 없다면 어쩌겠는가! 예를 들어 사고로 몸이 불구가 되었다면 최선을 다해 재활의 의지를 불태우는 것도 중요하지만 그 전에 그런 상황을 받아들여야만 한다.

윌리엄 제임스는 이렇게 조언한다.

"불행을 이기는 첫걸음은 일어난 일을 인정하고 있는 그대로 받아들이는 것이다."

오리건 주에 사는 엘리자베스 콘레이는 자신이 자식처럼 키운 조카가 군 작전을 수행하던 중에 사망했다는 통보를 받았다. 하늘이 무너지는 듯한 슬픔에 휩싸인 그녀는 삶의 의미를 잃고 그저 될 대로 되라는 식으로 모든 것을 체념하고 말았다.

수많은 사람들 중에서 왜 하필이면 조카였는지, 왜 그 아까운 나이에 죽어야 했는지를 생각하면 도저히 그 사실을 받아들일 수 없었던 것이다. 그렇게 눈물과 한숨으로 살아가던 그녀는 어느 날 우연히 편지 한 통을 발견하게 되었다. 그것은 몇 해 전 자신의 어머니가 돌아가셨을 때 조카가 자신에게 보낸 편지로 거기에는 '이모는 반드시 슬픔을 딛고 일어서리라 믿어요. 그것이 이모님 삶의 신조잖아요' 라고 적혀 있었다. 그 편지를 몇 번이고 되풀이하여 읽은 그녀는 다시 일어서기로 마음먹고 온 정신과 에너지를 일에 쏟아 부었다. 그렇게 자신의 운명을 받아들인 후, 그녀는 어느 때보다 충만하고 완벽한 생활을 하고 있다.

불가피한 것은 받아들이고 인정해야만 한다. 물론 이러한 교훈을 터득하는 것이 쉬운 일은 아니다. 하지만 분명한 것은 환경 자체가 인간의 행복과 불행을 결정짓는 요소가 아니라는 것이다. 행복은 주어진 환경에 어떻게 적응하느냐에 달려있고 그것은 우리의 마음에 달린 문제이다.

불가항력적인 일이라면 우리는 그것을 딛고 일어나 성공할 수 있다. 내면의 강력한 힘을 이용할 줄만 안다면 어떤 고난도 극복할 수 있는 것이다. 인간은 생각보다 강하다.

불가피한 일에 반항하거나 걱정한다고 해서 그것이 달라지는 것은 아니다. 단지, 우리 자신을 변화시켜야 할 뿐이다. 만약 반항하려 한다면 밤마다 잠을 설쳐야 하는 지옥 같은 나날이 전개될 뿐이다.

동물들은 어둠, 폭풍우, 배고픔에 조용히 맞선다. 그들은 화를 내는 법도 없고 근심 걱정으로 병에 걸리는 일도 없다. 그런 일로 미치지도 않는다.

그렇다고 처음부터 체념하라는 것은 아니다. 조금이라도 상황을 개선할 여지가 있다면 맞서 싸워야 한다. 그러나 상식적으로 볼 때, 도저히 인간의 힘으로는 어쩔 수 없는 것이라면 그것은 받아들여야 한다. 근심 걱정을 떨쳐낼 대안이 있다면 그것을 찾아내려 애써야 하지만 없다면 차라리 잊어야 하는 것이다. 불가피한 일과 타협하지 않으면 극도의 긴장 속에서 살아야만 한다.

전국체인망의 페니점 창립자인 J. C. 페니는 이렇게 말했다.

"사업이 망해도 걱정하지 않으렵니다. 걱정해 보았자 소용없으니 말입니다. 그저 최선을 다할 뿐이고 그 결과는 하늘에 맡겨야죠."

크라이슬러의 회장인 K. T. 켈러 역시 비슷한 말을 했다.

"어려운 상황에 처하면 최선을 다해 극복하려 노력합니다. 하지만 그 반대의 경우라면 그냥 잊어버립니다. 나는 미래를 걱정하지 않습니다. 미래는 어떤 모습으로 다가올지 아무도 모르니까요. 그런 걸 미리 걱정할 필요가 있을까요?"

19세기 전 로마의 스토아학파 철학자였던 에픽테토스는 '행복으로 가는 유일한 길은 우리가 어쩌지 못하는 일에 대해 근심하지 않는 것'이라고 말했다. 세계에서 가장 사랑받는 연극배우로 군림했던 사라 베르나르는 71세에 전 재산을 잃고 파산하는 아픔을 겪었고 여기에 다리를 절단해야 하는 상황에 놓였다. 평소에 성격이 까다롭고 격정적이었던 그녀는 의사의 진단에 조용히 "어쩔 수 없는 일이라면 받아들이겠다"고 말했다. 이후, 그녀는 수술에서 회복된 뒤 7년 동안이나 세계 곳곳을 돌아다니며 수많은 청중을 매혹시켰다.

불가항력적인 일에 맞서 싸우며 동시에 새로운 인생을 창조해낼 수 있는 사람은 없다. 누구나 둘 중의 하나를 선택해야만 한다. 불가피한 인생을 받아들이거나 아니면 맞서 싸우다 꺾이는 것이다. 버드나무처럼 굽혀야 할 때, 굽힐 줄 안다면 아무리 많은 얼음과 진눈깨비가 내릴지라도 버틸 수 있지만 참나무처럼 뻣뻣이 서 있으면 눈덩이의 무게를 이기지 못하고 부러지는 법이다.

자동차 바퀴가 장시간의 운전에도 꿋꿋하게 버티는 이유를 알고 있는가?

처음에 자동차 바퀴 제조업자는 길바닥의 충격에 저항하는 바퀴를 만들었는데, 그것은 얼마 사용하지 못해 찢어지고 말았다. 그리하여 생각 끝에 도로의 충격을 흡수하는 바퀴를 만들었고 그것이 오늘날 도로를 활보하는 바퀴들이다.

인생의 충격도 마찬가지다. 우리가 그것을 흡수하는 방법을 배운다면 행복한 삶을 살아갈 수 있을 것이다. 만약 그렇지 못하다면 우리는 수많은 마음의 갈등으로 고통 받고 근심과 긴장으로 서서히 무너지고 만다. 그것이 더 심해지면 자신이 만든 꿈의 세계로 빠져들어 남들로부터 미쳤다는 평가를 받게 될지도 모른다.

소크라테스를 시기한 일부 아테네 사람들이 그를 무고하여 사형선고를 받게 했을 때, 그를 동정하던 간수는 소크라테스에게 독배를 내리며 말했다.

"어쩔 수 없는 일이라면 조용히 받아들여야 합니다."

소크라테스는 고개를 끄덕였고 초인적인 고요와 체념으로 죽음을 받아들였다.

다른 대안이 없다면 조용히 견뎌내야 한다. 다음은 라인홀드 니부어 박사의 글이다.

"내게 마음의 평화를 허락하소서.

어쩔 수 없는 일은 받아들이게 하시고

바꿀 수 있는 일은 바꿀 수 있는 용기를 주시옵소서.

그리고 그 두 가지를 구분할 수 있는 지혜를 주시옵소서."

38

고민거리에 대해
'데드라인'을 정하라

주식투자 컨설턴트인 찰스 로버츠는 주식거래를 할 때, 항상 데드라인을 정해두고 그 이하로 떨어지면 매도를 하는 원칙을 적용한다고 한다. 만약 매입한 주식이 5포인트 하락하면 자동적으로 매도하는 원칙을 지키는 것이다. 그러면 손실은 항상 5포인트로 끝나게 된다.

물론 그가 처음부터 그러한 원칙을 정해두고 주식투자를 한 것은 아니다. 처음에는 경솔하게 다른 사람들의 의견과 요행에 의존하다가 자신의 돈은 물론 친구들에게 빌린 돈까지 몽땅 잃고 말았다. 그러다가 증권가의 큰손이었던 버턴 S. 캐슬스로부터 투자원칙을 배워 그것을 실천한 후에 큰돈을 벌게 되었다.

이러한 원칙은 인생의 여러 분야에도 마찬가지로 적용할 수 있다. 예를 들어 약속시간에 늘 늦게 나타나는 사람이 있다면 그에게 '앞으로 10분 이상 늦으면 약속이 취소된 것으로 알겠다'고 말하는 것이다. 그러면 상대방은 약속시간을 지키기 위해 애쓸 것이다.

어떤 일에 대해 너무 많은 대가를 지불하는 것은 어리석은 일이다.

'인내심'과 '피나포어' 같은 주옥같이 아름다운 오페라를 만들어 낸 길버트와 설리번 역시 자신들의 분노에 데드라인을 그어놓지 못하는 어리석음 때문에 법정까지 가서 싸웠다. 그들은 겨우 카펫 한 장 때문에 수년 동안 울분에 싸여 허송세월을 보냈던 것이다.

설리번은 그들이 새로 장만한 극장을 단장하기 위해 새로운 카펫을 주문하였다. 그러나 계산서를 본 길버트는 너무 비싸다며 길길이 뛰었고 그들은 결국 법정에 가서 싸우게 되었던 것이다. 그 일로 인해 두 사람은 죽을 때까지 서로 한 마디도 나누지 않았다.

일을 할 때도 설리번이 곡을 만들어 우편으로 보내면 길버트는 그 곡에 가사를 붙여 다시 설리번에게 보냈다. 한번은 서로 같은 무대에 서서 관객들에게 인사를 해야만 했는데, 그들은 무대 양쪽에서 따로따로 걸어 나와 서로 다른 방향을 바라보며 인사를 하고는 곧바로 내려 갔다. 그렇게 그들은 자신들의 분노에 데드라인을 긋고 새롭게 출발하지 못했기에 분노가 자신의 인생을 좀먹도록 했던 것이다.

남북전쟁 중, 몇몇 친구가 그의 정적을 비난하자 링컨은 이렇게 말했다.

"나보다 자네들이 더 원한이 많은 것 같군. 나는 미움으로 인생을 낭비할 겨를이 없네. 누구든 비난을 중지한다면 그 사람의 과거에 대해 잊기로 했다네."

벤저민 프랭클린 역시 일곱 살 때의 실수를 70년이 넘도록 기억하고 있었다. 일곱 살 무렵, 너무도 호루라기를 갖고 싶었던 그는 가격도 물어보지 않고 자신이 가진 동전을 모두 건네주고는 호루라기를 달라고 했다. 하지만 나중에 자신이 너무 비싸게 샀다는 것을 알고는 너무 분해 울고 말았던 기억을 잊지 않고 있었던 것이다. 훗날 그는 이렇게 말했다.

"어른이 된 후에 너무도 많은 사람이 호루라기에 대해 비싼 대가를 지불하고 있다는 사실을 알게 되었다. 사물에 대한 평가를 잘못 내려 비싼 대가를 치르는 불행을 겪고 있는 것이다."

실제로 많은 사람이 마음의 평화에 대한 값을 불평과 불만으로 치르고 있다.

브리태니커 백과사전에 의하면 불후의 명작을 남긴 톨스토이는 말년의 20년 동안을 세상에서 가장 숭배 받는 인물로 지냈다고 한다. 1890년에서 1910년 사이에 수많은 숭배자들이 그의 얼굴을 보고 옷깃이라도 한번 스쳐보겠다는 생각으로 그를 찾아왔던 것이다. 그리고 무슨 신성한 계시라도 되듯 그의 말 한 마디 한 마디는 숭배자들에 의해 기록되었다.

하지만 그의 가정생활은 완전히 상식에서 벗어나 있었다.

톨스토이는 몹시 사랑하던 여인과 결혼해 행복한 나날을 보냈지만, 점점 아내의 강한 질투심으로 인해 고통받게 되었다. 그녀는 항상 남편을 감시했고 심지어 변장까지 하고 산책하는 톨스토이를 뒤따라가기도 하였다. 어떤 경우에는 아편이 든 병을 입에 물고 마룻바닥을 뒹굴며 자살하겠다고 소동을 벌이기도 했다.

그렇다면 그때 톨스토이는 어떻게 했을까?

만약 그가 화가 나서 살림살이를 집어던졌더라도 동정을 받을 수 있을 것이다. 하지만 그는 그보다 더 심한 짓을 했다. 그는 아내를 비난하는 일기를 썼던 것이다. 그것을 알게 된 그의 아내는 어떻게 했을까?

그녀는 남편의 일기를 불사르고 자신의 일기에 남편을 악마라고 표현했다. 또한 〈누구의 죄인가?〉라는 자신의 소설에 남편을 가정의 폭군으로 묘사하고 자신을 희생자로 표현하였다.

톨스토이에게 가정생활은 그의 표현대로 '정신병원'이나 다름없었던 것이다. 그들은 무려 50년 동안이나 서로간의 갈등에서 벗어나지 못했다. 만약 두 사람이 서로를 헐뜯는 일에 데드라인을 긋고 단호하게 그 선을 지켰다면 그리고 자신들이 얼마나 인생을 소모하고 있는지를 깨달았다면 보다 행복한 삶을 영위할 수 있었을 것이다.

참된 마음의 평화를 얻으려면 사물의 가치에 대해 정당한 판단력을 지녀야 한다. 어떤 일이 인생에 있어서 얼마만큼의 가치를 지니는지 판단하는 기준이 있다면 우리의 고민은 최소한 50퍼센트 정도는 사라질 것이다.

현재 부딪치고 있는 불쾌한 일에 대해 값비싼 비용을 치르기 전에 자기 자신에게 다음의 질문을 해보도록 하라.

첫째, 현재 고민하는 문제는 실제로 얼마만큼 중요한 것인가?

둘째, 어느 시점을 데드라인으로 정하고 그 일을 잊어야 하는가?

셋째, 문제에 정확하게 얼마를 지불해야 하는가?

어쩌면 이미 충분한 대가를 지불했을지도 모른다.

과거는 발판으로 삼거나 아니면 잊어라

이미 지나간 일은 그 누구도 돌이킬 수 없다. 과거를 건설적으로 만드는 방법은 오로지 그것을 발판으로 삼아 앞으로 나아가든가 아니면 잊는 것뿐이다. 하지만 어떤 충격적인 일을 겪고 그것을 앞으로 나아가기 위한 발판으로 삼거나 잊는 것이 그리 쉬운 일은 아니다. 그런 탓에 대다수의 사람이 끊임없이 걱정을 되풀이하면서 우왕좌왕한다.

뉴욕에 사는 알렌 사운더스는 위생학 과목을 가르쳤던 폴 브랜드와인 박사로부터 일생 동안 잊지 못할 교훈을 배웠다고 한다. 그 시절, 사운더스는 시험지를 받으면 낙제에 대한 공포로 손톱을 잘근잘근 씹는 버릇이 있었고 과거의 실수를 곱씹으며 스스로를 책망하고 후회하는 일이 많았다.

어느 날 아침, 과학실험실에 들어가자 탁자 위에 우유병 하나가 놓여져 있었다. 학생들은 모두들 왜 우유병이 탁자 위에 올려져 있는지 이상하게 생각하며 각자의 자리에 앉았다.

그런데 갑자기 브랜드와인 박사가 우유병을 툭 쳐서 싱크대 안으로 넘어뜨렸다. 우유병은 깨졌고 그 안에 들어 있던 우유는 싱크대 배수관을 타고 흘러가 버렸다. 그때, 브랜드와인 박사는 학생들을 돌아보며 말했다.

"우유를 엎지른 다음 울어보아야 아무런 소용이 없다!"

여기에서 그치지 않고 박사는 학생들이 직접 쏟아진 우유를 볼 수 있도록 싱크대 앞으로 불렀다.

"잘 봐두게. 그리고 일생동안 이 교훈을 잊지 않도록 하게."

우리는 바닥에 조금밖에 남아 있지 않은 우유를 생생하게 볼 수 있었다. 마찬가지로 우리의 머리를 혼란 속에 빠뜨리고 괴롭히는 과거의 일들은 처음의 상태로 되돌릴 수 없는 법이다. 물론 주의했다면 우유병을 쏟는 일은 없었을 것이다. 하지만 이미 엎질러진 상태라면 그 실수를 마음 깊이 새기고 두 번 다시 실수하지 않겠다는 자세로 앞으로 나아가는 것이 중요하다.

우리는 '엎질러진 물은 주워 담을 수 없다' 는 말을 자주 듣는다. 어쩌면 수백 번도 더 들었을지도 모른다. 그러나 진부하게 여겨지는 말일수록 시공을 뛰어넘는 진리의 핵심을 담고 있게 마련이다. 그러한 말들은 인류의 뼈아픈 경험이 농축된 것으로 수 세대에 걸쳐 전승되어 온 것이다.

근심과 걱정에 대해 지금까지 서술된 모든 위대한 학자들의 글을 읽는다 해도 '돌다리도 두들겨보고 건너라' 와 '엎질러진 물은 주워 담을 수 없다' 는 말처럼 평범하지만 심오한 진리를 담고 있는 속담을 발견하기는 어려울 것이다.

프레드 풀러 셰드는 평범한 옛 진리를 새롭고 생생하게 되살리는 재능을 지니고 있다. 언젠가 그는 어느 대학의 졸업생들 앞에서 강연을 하다가 이렇게 질문한 적이 있다.

"여러분 중에 나무를 톱질해 본 사람이 있으면 손을 들어보십시오."

대다수의 학생이 손을 들었다.

"그렇다면 톱밥에 대고 톱질을 해본 사람도 있습니까?"

그러자 이번에는 아무도 손을 들지 않았다. 이때, 셰드는 빙그레 웃으며 말했다.

"톱밥에 대고 톱질할 수 있는 사람은 없습니다. 이미 톱질한 결과가 톱밥이기 때문입니다. 과거도 마찬가지입니다. 과거를 걱정하는 것은 톱밥에 대고 톱질을 하는 것과 같습니다."

전 헤비급 챔피언이었던 잭 뎀프시는 타이틀을 빼앗겼던 진 튜니와의 경기에서 최선을 다했지만 남은 것은 상처뿐이었다. 1년 뒤, 그는 튜니와 또 다시 붙었으나 역시 패배하고 말았다. 그때 그는 자기 자신에게 말했다.

"다시 과거 속으로 돌아갈 수는 없다. 이미 엎질러진 물이야. 그냥 턱에 펀치 한 방을 맞은 것이라 생각하자. 그런 일로 바닥에 쓰러져 있을 수는 없다."

그는 자신의 패배를 받아들이고 깨끗이 잊은 뒤에 호텔경영에 뛰어들어 성공을 거두었다. 그는 닥치는 대로 건설적인 일에 매달려 과거의 실패에 대해 걱정할 겨를이 없도록 스스로를 독려했던 것이다. 그는 책을 가까이하지는 않았지만, 셰익스피어의 '현명한 사람은 손실을 한탄하는 대신 그 손실을 만회할 방법을 찾아 나선다' 는 충고를 실천한 사람이다.

교도소에 수감되는 사람들도 처음에는 세상을 원망하고 사람들을 저주하지만 몇 달이 지나면 분별력 있는 사람은 자신의 불행을 물리치고 마음을 차분히 가라앉힌다고 한다. 교도소 생활에 적응하면서 가능한 한 밝게 살고자 노력한다는 것이다.

사회에서 정원사로 일하다가 실수로 감옥에 가게 된 어떤 죄수는 교도소 담장 안에 꽃과 야채를 심고 가꾸면서 이런 노래를 불렀다고 한다.

"손을 움직여 슬픔과 회한, 비탄과 고통이라는 글을 써 봐요.

하지만 한 줄이 넘어가면 다시 즐거움으로 돌아갈 겁니다.

당신이 흘리는 모든 눈물도 즐거움이라는 단 한 마디는 지우지 못해요."

우리는 간혹 잘못을 저지르거나 어리석은 행동을 하기도 한다. 누구나 그렇다는 말이다. 나폴레옹도 전쟁에서 3분의 1은 패배하였다. 아마도 우리의 타율은 나폴레옹보다 훨씬 더 높을 것이다.

어느 누구도 과거를 되돌릴 수는 없다.

톱밥에 대고 톱질을 하려 하지 마라.

40

마음의 마술

마음자세가 우리의 존재를 만든다. 그것이 운명을 결정하는 요소이다. 로마제국의 황제이자 위대한 철학자인 마르쿠스 아우렐리우스는 이렇게 말했다.

"우리의 인생은 마음자세에 따라 달라진다."

행복을 꿈꾼다면 행복해질 것이다. 그러나 불행을 생각한다면 불행해질 것이다. 두려운 생각을 하면 두려움에 빠지고 질병을 생각하면 질병에 걸린다. 그리고 실패를 생각하면 실패할 수밖에 없다. 그렇다고 어떤 일에서든 낙천가가 되라는 것은 아니다. 다만 부정적인 자세보다는 긍정적인 자세가 우리에게 도움이 된다는 것이다. 다시 말해 고민거리에 관심을 기울일 필요는 있지만 걱정할 필요는 없다.

관심은 문제를 인식하고 그것을 해결하기 위해 노력하는 것을 의미하고, 걱정은 아무런 진전도 없이 제자리를 맴도는 것에 지나지 않는다.

마음의 평화와 기쁨은 우리의 환경이나 소유, 신분에 좌우되는 것이 아니라 어디까지나 개인의 마음자세에 달려있다. 즉, 외부의 조건은 그다지 큰 작용을 하지 못하는 것이다.

하퍼스 페리의 미합중국 무기고를 습격하고 노예반란을 일으키려 했다는 이유로 교수형을 언도받은 존 브라운은 자신의 관 위에 앉아 교수대로 압송되었지만 조금도 동요되지 않고 침착했다. 오히려 그를 감시하고 있던 간수의 얼굴이 초조하고 걱정스러운 표정을 띠고 있었다. 이윽고 버지니아의 블루리지 산이 보이자 존 브라운은 이렇게 말했다.

"정말 기막힌 풍경이군! 지금까지 이토록 아름다운 산을 구경할 기회가 거의 없었다네."

남극을 탐험한 최초의 영국인 로버트 팔콘 스콧과 그의 동료들은 귀환하면서 그 어떤 고행길보다 잔혹한 순간을 맞이하게 되었다. 식량과 연료가 떨어진 상태에서 엄청난 눈보라와 돌풍으로 인해 그들은 행군을 중단할 수밖에 없었다. 그들은 자신들의 최후가 가까워졌음을 알고 있었다.

그들에게는 비상사태를 대비한 아편이 있었고 그것을 복용하면 고통 없이 죽을 수도 있었다. 그러나 그들은 끝내 아편 대신 '환희의 노래'를 부르며 죽어갔다. 그러한 사실은 그로부터 8개월 후 그들의 얼어붙은 시체에서 발견된 작별의 편지에 의해 세상에 알려졌다.

용기와 침착함이 있다면 교수대로 가는 관 위에서도 아름다운 풍경을 찬미할 수 있고 굶주림과 혹한으로 죽어가면서도 '환희의 노래'를 부를 수 있다.

장님이 된 밀턴은 3백 년 전에 그런 진리를 발견하였다.

"마음은 천국을 지옥으로, 지옥을 천국으로 만들 수 있다."

나폴레옹은 많은 사람이 선망하는 권력과 명예와 부를 누렸지만 세인트헬레나에서 이렇게 말했다.

"내 인생에서 행복했던 날은 엿새뿐이다."

그런데 눈이 멀고 귀가 들리지 않으며 말할 수조차 없었던 헬렌 켈러는 "인생이란 너무도 아름다운 것이다"라고 인생을 찬미하였다. 결국 모든 것은 마음에 달린 것이다. 자기 자신 말고는 자신에게 평화를 가져다줄 수 있는 것은 아무것도 없다.

프랑스의 위대한 철학자 몽테뉴는 다음과 같은 좌우명을 가지고 있었다.

"인간은 일 그 자체에 의해서는 그다지 상처를 입지 않는다. 정작 상처를 입히는 것은 일에 대한 자신의 견해다."

하나의 사건이나 일에 대해 어떤 견해를 취할 것인가 하는 것은 어디까지나 본인에게 달린 문제이다. 이것은 곧 어떤 상황에 처할지라도 마음자세만으로 그 상황을 변화시킬 수 있다는 것을 의미한다. 그러기 위해서는 노력이 필요하지만 그것은 그리 어려운 것이 아니다.

심리학의 권위자인 윌리엄 제임스는 이렇게 말했다.

"사람들은 보통 행동이 감정을 따른다고 생각하지만 행동과 감정은 함께 이루어진다. 우리는 의지력에 직접 지배를 받는 행동을 조절함으로써 의지의 지배를 받지 않는 감정을 조절할 수 있다."

다시 말해 마음자세만으로 당장 감정을 바꿀 수는 없지만 행동을 변화시킬 수는 있다는 것이다. 그리고 일단 행동을 바꾸면 자동적으로 감정도 바뀌게 된다. 그러므로 쾌활한 감정을 찾고 싶다면 매우 쾌활한 듯이 행동하고 말하는 것이 좋다.

실제로 미소를 지으며 노래를 부르면서 우울한 상태를 유지하기란 불가능하다. 인디애나 주의 H. J. 앵글러트는 신장염에 고혈압 증세까지 나타나 의사로부터 신변을 정리하는 것이 좋겠다는 충고를 들었다. 그는 보험금이 지급되도록 조치를 취한 다음 우울한 명상에 잠겨 주변 사람들까지 우울하게 만들었다. 그렇게 일주일이 흘러가자 한없이 가라앉는 자기 자신과 그러한 모습이 주변 사람들에게 어떤 영향을 주는지를 깨닫게 된 그는 마음을 바꾸게 되었다.

'살아있는 동안만이라도 즐겁고 행복하게 지내자.'

그는 억지로 미소를 지으며 아무 일도 없는 것처럼 행동하기로 마음 먹었다. 물론 처음에는 어색하고 힘들었지만 꾸준히 노력하자 어느 새 주변 사람들에게 뿐 아니라 자기 자신에게도 커다란 도움이 되었다. 병세는 갈수록 호전되었고 혈압까지 떨어져 행복하게 살아갈 수 있었 던 것이다.

그는 이렇게 말한다.

"만약 내가 죽음에 대한 고민에 빠져 있었다면 분명 의사의 말대로 얼마 살지 못했을 것이다. 그러나 나는 마음자세를 바꿔 나 자신에게 질병을 치료할 수 있는 기회를 주었다."

제임스 알렌의 〈사색하는 사람〉이라는 책을 보면 다음과 같은 구절 이 나온다.

"사람이 타인과 사물에 대한 생각을 바꾸면 놀랍게도 사물이나 다른 사람이 그 사람에 대해 생각하는 것도 바뀌게 된다. 생각의 변화가 삶 의 물질적인 조건에 급격한 영향을 미치는 것이다. … 인간은 오로지 자신의 생각을 이끌어냄으로써 뭔가를 정복하거나 성취할 수 있다."

인간이 스스로의 마음과 영혼을 지배할 수 있다면 세상을 지배할 수 있다. 우리의 행복은 자신의 내면에서 나오는 것이지 결코 외부로부터 주어지는 것이 아니다.

쾌활하게 생각하고 행동한다면 저절로 쾌활해질 것이다.

41.
복수는 자신에게 더 큰 상처를 입힌다

적을 증오하면 할수록 적이 우리를 지배하게 만드는 결과를 초래한다. 증오의 감정이 우리의 수면과 식욕, 혈압과 건강 그리고 행복을 지배하게 되기 때문이다. 우리가 증오 때문에 잠을 설치며 고민하고 있다는 것을 알면 적들은 쾌재를 부를 것이다.

〈라이프〉지에 의하면 증오는 우리의 건강까지 해친다고 한다.

"증오심을 불태우면 혈압이 높아지고 그것이 만성화되면 만성고혈압과 심장질환을 유발시킨다."

결국 그리스도가 "일곱 번의 칠십 배까지 용서하라"고 설파한 것은 고혈압과 심장질환, 위궤양 등의 수많은 질병으로부터 우리를 구원해주는 말이나 다름없는 것이다. 특히 심장이 약한 사람이 분노를 폭발하면 생명을 잃을 수도 있다.

실제로 워싱턴 스포캔에서 레스토랑을 운영하던 사람이 격분한 나머지 심장마비를 일으켜 그 자리에서 숨졌다고 한다. 요리사가 자신의 말을 듣지 않고 접시에다 커피를 따라 마시는 것에 화가 머리끝까지 치솟은 그는 권총을 들고 요리사를 향해 달려가다가 쓰러졌던 것이다.

물론 우리들 대다수는 원수를 사랑할 만큼 성인군자는 아니다. 하지만 최소한 자신의 건강과 행복을 위해 그들을 용서하고 잊을 수는 있을 것이다. 그것은 현명한 자세이기도 하다.

공자는 "강도를 당하거나 핍박을 당한 것도 잊고 나면 아무것도 아니다"라고 했고 독일의 철학자 쇼펜하우어는 "가능하다면 누구든 남에게 어떤 증오도 품어서는 안 된다"라고 말했다.

누구도 당신이 그렇게 하도록 내버려두지 않는 한, 당신을 괴롭힐 수 없다. 설사 몽둥이와 돌멩이가 뼈를 부러뜨릴 수 있을지는 몰라도 말로써 상처를 입힐 수는 없다.

캐나다에는 에디스 카벨이라는 아름다운 산이 있는데, 1915년 10월 12일 독일의 처형대에서 초연히 죽음을 맞았던 영국 간호사 에디스 카벨을 기리기 위해 그 이름이 붙여진 것이다.

그녀는 벨기에에 있는 자신의 집에서 영국군과 프랑스군의 부상병들을 간호하고 그들이 탈출하도록 도와주었다. 그러다가 결국 감옥에 가게 되었는데 영국인 목사가 처형을 앞둔 그녀를 찾아가 역사에 남을 말을 듣게 되었다.

"그 누구도 원망하거나 증오하지 않습니다. 그런 것을 하나님께 가져가면 안 되니까요."

그로부터 4년 후, 그녀의 유해는 영국으로 옮겨져 웨스트민스터 사원에 안장되었다.

원수를 용서하거나 잊는 가장 확실한 방법은 커다란 목표를 설정하고 그 일에 완전히 몰두하는 것이다. 그러면 모욕감이나 조롱은 문제로 여겨지지도 않는다.

1918년, 미시시피의 숲 속에서 엄청난 사건이 벌어지고 있었다. 흑인 교육자이자 목사인 로렌스 존스가 무참하게 짓밟히고 있었던 것이다.

제1차 세계대전이 한창일 무렵, 미시시피 중부지방에는 독일 사람이 흑인을 선동하여 폭동을 일으키려 한다는 소문이 파다하게 퍼져나갔다. 그런데 때마침 흑인 교회 앞을 지나가던 몇몇 백인이 로렌스 존스가 설교하는 내용의 일부를 듣게 되었다.

"인생은 전쟁터입니다. 모든 흑인은 탄탄한 갑옷으로 무장을 하고 생존과 성공을 위해 싸워나가지 않으면 안 됩니다."

그런데 그들은 전체 내용은 듣지 못하고 단순히 '전쟁터' 와 '갑옷' 이라는 말에 흥분하여 그날 밤으로 로렌스 존스의 교회로 쳐들어갔다.

그리고는 목사를 폭행하고 밧줄로 묶어 숲 속으로 끌고 간 다음 화형 시키려 하였다. 사람들이 모여 웅성거리고 흥분한 채로 이런저런 고성이 오고간 끝에 어느 노인이 이렇게 말했다.

"저 못된 깜둥이 놈이 마지막으로 뭐라고 지껄이는지 한번 들어나 보자고!"

로렌스 존스는 밧줄에 목이 매달린 채, 장작더미 위에서 차분하게 말을 이어나갔다. 그는 학교라고는 구경도 해보지 못한 가난한 소년 소녀들을 훌륭한 농부와 기술자, 요리사, 가정부로 교육시키기 위해 자신이 얼마나 노력했는지를 설명했다. 그리고 학교를 세울 때까지 얼마나 많은 백인이 땅과 건축자재, 돈을 기부했는지 들려주었다. 더불어 가난에 찌들고 배움의 기회조차 갖지 못한 자기 동족들을 위해 평생을 바쳐야겠다는 꿈을 이루기 위해 자신을 좋은 조건으로 후원하겠다는 것까지 마다했다는 사실을 호소력 있게 말했다.

"저는 제 꿈을 향해 열심히 뛰느라 누구를 원망하거나 싸울 시간이 없습니다. 그 누구를 미워할 여유도 없습니다."

그러자 그를 죽이려던 백인들은 서서히 마음이 바뀌었고 그의 말이 진실이라는 것을 믿게 되었다. 그때 그에게 말을 하도록 기회를 주었던 노인이 모자를 돌렸고 그 자리에서 55달러 40센트의 성금을 모아주었다.

1900년 전, 에픽테토스는 이렇게 말했다.

"인간은 자신의 악행에 대한 대가를 치른다. 그것을 아는 사람은 그 누구에게도 화를 내지 않으며 욕을 하거나 비난하지도 않을 것이다."

링컨은 자신이 좋아하는가 혹은 싫어하는가에 따라 사람을 판단하지 않았다고 한다. 그는 인사 조치를 내려야 할 경우 자신의 정적들도 다른 사람처럼 잘할 수 있다는 점을 이해하고 있었다. 예를 들어 링컨은 자신이 임명한 맥클란이나 슈어드, 스탠턴, 체이스로부터 많은 비난과 모욕을 받았지만, 링컨은 자신이 한 일 때문에 칭찬을 기대하거나 혹은 남이 하거나 하지 않은 일 때문에 비난을 가해서도 안 된다는 의식을 지니고 있었기에 그들에게 분노를 표시하지 않았다.

어쩌면 링컨의 생각이 옳은 것인지도 모른다. 만약 우리가 적들과 똑같은 육체적, 정신적, 정서적 특징을 타고났다면 우리 역시 적들과 똑같이 행동할 것이기 때문이다. 그러므로 적을 미워하고 증오하기보다는 그들을 불쌍히 여기고 우리가 그들과 똑같지 않음에 감사하자.

복수는 적보다 우리 자신에게 훨씬 더 큰 상처를 남긴다. 그러므로 복수를 꿈꾸지 마라. 좋아하지 않는 사람에 대한 생각으로 시간을 낭비하지 마라.

42

베풂에 대한 대가를 바라지 말라

생명보험회사에 따르면 우리는 평균적으로 80세에서 현재의 나이를 뺀 것의 3분의 2를 조금 넘는 수명을 살아간다고 한다.

60세 가량 된 어느 사업가가 크리스마스 보너스로 한 사람당 3백 달러를 주었는데 아무도 고맙다는 말을 하지 않는다고 불평을 터뜨렸다. 그것도 이미 11개월 전의 일임에도 불구하고 거의 1년 가까이나 '그럴 줄 알았으면 한 푼도 주지 말걸 그랬다' 고 한탄하고 있었다.

생명보험회사의 계산대로라면 그는 앞으로 14년 내지 15년을 더 살아갈 텐데 이미 지난 일에 대한 분노를 버리지 못하고 1년 정도를 허비하고 있었던 셈이다. 불평을 하기에 앞서 그는 그 이유에 대해 곰곰이 생각해 보았어야만 했다. 어쩌면 평소에 그가 종업원들을 혹사시켰을 수도 있고 아니면 그가 가까이하기 어려운 존재로 비춰졌을지도 모른다.

이유야 어찌되었든 감사하는 마음을 기대하는 것 자체가 인간의 본성을 알지 못하는 잘못된 생각이다. 무려 78명의 목숨을 구해준 유명한 형사사건 전담 변호사 사무엘 레이보비츠도 단 한 장의 감사편지나 카드도 받지 못했다고 한다. 열 명의 한센병 환자를 치료해준 그리스도 역시 단 한 명에게서만 감사의 인사를 받았을 뿐이다.

철강왕 앤드류 카네기로부터 그 능력을 인정받은 찰스 슈왑이 언젠가 한 은행원을 도와준 적이 있다. 공금으로 주식투자를 하다가 돈을 날린 은행원을 구해주기 위해 그가 대신 돈을 물어주었던 것이다. 하지만 그 은행원은 아주 잠깐 동안만 감사를 표했을 뿐, 이내 슈왑에게 등을 돌리고 그를 비난하고 다녔다.

앤드류 카네기 역시 친척에게 백만 달러를 남겨주었지만 사후에 그 친척으로부터 실컷 욕만 먹었다. 그 친척은 카네기가 자선사업에는 3억6천만 달러나 기부했으면서 자신에게는 단돈 백만 달러밖에 주지 않았다고 불평했던 것이다.

이것이 인간의 본성이다.

그렇다면 그것을 그대로 받아들일 수밖에 달리 방법이 없지 않겠는가! 감사를 기대하지 마라. 물론 감사를 받으면 기쁘겠지만 설령 감사를 받지 못해도 실망할 필요는 없다. 사람들이 고마움을 잊는 것은 지극히 자연스러운 일이므로 굳이 감사의 인사를 기대하면서 스스로를 괴롭힐 필요는 없다.

물론 사람은 누구나 사랑을 갈구한다. 하지만 이 세상에서 사랑을 받을 수 있는 유일한 방법은 사랑을 강요하는 대신 아무런 대가도 바라지 않고 자신이 먼저 사랑을 주는 것이다. 이것은 평범한 상식이자 인간이 갈망하는 행복을 찾을 수 있는 훌륭한 방법이다.

아리스토텔레스는 이렇게 말했다.

"이상적인 인간이란 남에게 친절을 베푸는 데서 기쁨을 느끼는 사람을 말한다."

행복을 찾고자 한다면 감사를 받겠다거나 배은망덕 따위는 잊고 베푸는 데서 기쁨을 느끼도록 하라. 오늘날뿐 아니라 이미 1만 년 전부터 부모들은 키워준 은혜도 모르는 자녀들 때문에 속을 끓여 왔다. 셰익스피어의 작품에 등장하는 리어왕도 이렇게 통탄스러움을 표현하고 있다.

"은혜를 모르는 자식을 두는 것은 뱀의 이빨에 물리는 것보다 더 고통스러운 일이다!"

그렇다면 한번 곰곰이 생각해보자. 자녀들은 부모에게 당연히 감사하는 마음을 가져야만 하는 것일까? 자녀가 은혜를 저버리는 것은 혹시 그렇게 배우며 자랐기 때문은 아닐까?

은혜를 잊는 것은 마치 씨앗을 뿌리지도 않은 잡초가 끈질기게 자라

나는 것처럼 자연스러운 일이다. 그러나 고마움을 아는 것은 장미를 가꾸는 것과 같다. 아름다운 장미를 가꾸려면 끊임없이 물을 주고 사랑해주며 보호해주지 않으면 안 된다.

자녀가 부모에게 고마움을 모른다면 그 책임은 누구에게 있는 것일까? 아마도 그것은 부모 자신에게 있을 것이다. 부모가 자녀에게 고마움을 표현하는 방법을 가르치지 않았다면 당연히 자녀들은 고마움을 표현하기 어려울 것이다.

시카고에 사는 어떤 남자가 아들 둘이 있는 여성과 결혼하였다. 그는 열심히 일해 아내의 아들들을 대학에 보냈고 부족한 교육비와 생활비를 충당하느라 빚까지 지게 되었다. 그렇게 4년 동안 불평 한 마디 없이 힘든 생활을 견뎌냈지만, 그는 아내나 아들들로부터 한번도 감사를 받지 못했다. 그들은 그것을 당연한 것으로 받아들였던 것이다.

그렇다면 여기에서 누가 나빴던 것일까? 일차적으로는 아들들이지만 무엇보다 그 어머니가 더 큰 비난을 받아야 한다. 그녀는 아이들이 '빚을 졌다' 는 생각으로 새로운 삶을 시작하게 하고 싶지 않아 "너희들을 대학까지 보내느라 새 아버지가 많이 애를 쓰셨다. 참 대단한 분이다"라고 말하는 대신 "그것은 아버지로서 당연히 해야 할 일이야"라고 말했던 것이다.

그녀는 아들들을 끔찍이 사랑했기에 그랬을지도 모르지만, 그것은 이 사회가 자신들을 먹여 살려야 한다는 위험한 생각을 하도록 만들었고 결국 두 아들 중 하나는 남의 돈을 가로채려다 감옥에 가고 말았다. 아이들은 보여주는 대로 그리고 가르치는 대로 자라게 마련이다.

노부모를 모시고 사는 사람이 자녀에게 효도를 받는 것도 그 아이들이 부모가 그들의 부모를 극진히 모시는 모습을 직접 보고 자랐기 때문이다. 특별히 가르치지 않아도 그런 아이들은 부모를 극진히 모시는 것을 당연한 것으로 받아들인다.

고마움을 아는 자녀로 키우고 싶다면 먼저 부모가 고마움을 표현할 줄 알아야 한다. 아이들은 부모의 행동이나 말을 그대로 보고 자라게 마련이다. 그러므로 아이들이 보는 앞에서는 특히 남의 친절에 대해 헐뜯지 말아야 한다.

누군가로부터 선물을 받았을 때, "이런 싸구려를 보내다니…"라고 무심결에 말할 수도 있지만, 그것은 아이들에게 그대로 영향을 미치게 된다. 그러므로 아이들 앞에서 함부로 말하지 말고 "정성이 가득한 선물을 보냈구나. 지금 당장 고맙다는 편지라도 써야겠다"라고 말해야 한다. 그러면 아이들은 은연중에 칭찬하고 감사하는 습관을 갖게 될 것이다.

감사하는 마음은 오랜 세월을 두고 자연스럽게 몸에 배는 습관이다. 그러므로 아이들에게 고맙다는 말을 듣고 싶다면 고맙다는 말을 할줄 아는 아이로 키워야 한다.

43.

없는 것을 한탄하지 말고
있는 것에 감사하라

1934년의 어느 날, 해럴드 애봇은 웨브시티의 웨스트 도거티 거리를 걸어가다가 놀라운 광경을 목격하게 되었다. 그것은 불과 10초 동안에 일어난 일이었지만 그는 그것을 통해 지난 10년 동안 배운 것보다 더 큰 교훈을 얻게 되었다.

식료품 가게를 운영하다 망하는 바람에 엄청난 빚을 지게 된 그는 새로운 일자리를 알아볼 동안 버틸 수 있는 돈을 융자받기 위해 은행으로 가는 길이었다. 어깨는 축 처지고 한숨이 절로 나오는 걸음걸이로 고개를 숙이고 터덜터덜 걷던 그는 길 맞은편에서 이상한 소리가 들려오자 고개를 돌렸다.

길 맞은편에는 두 다리가 없는 남자가 바퀴가 달린 작은 널빤지 위에 앉아 양손에 쥔 작은 막대기로 땅바닥을 찍으며 길을 건너려 하고 있었다. 이윽고 길을 건넌 그는 보도 위로 올라오느라 널빤지를 비스 듬히 잡고 끌어올리려 애쓰고 있었다.

그 순간, 애봇과 눈이 마주친 그는 밝게 웃으며 쾌활한 목소리로 말했다.

"안녕하세요? 좋은 아침입니다."

그때, 애봇은 자신이 얼마나 부자인가를 깨닫게 되었다. 두 다리가 없어도 저토록 밝게 살아가는데 육신이 멀쩡한 자신이 비참한 생각에만 잠겨 있었다는 사실이 그렇게 부끄러울 수 없었던 것이다. 그를 보고 자신감을 회복한 그는 원래 백 달러를 융자받을 생각이었지만, 당당히 2백 달러를 요구하여 돈을 융자받았고 결국 일자리도 구할 수 있었다.

그는 지금도 자신의 세면대 거울에 다음과 같은 글을 붙여놓고 아침저녁으로 읽고 있다.

"나는 발이 없는 사람을 만나기 전까지는 신발이 없어서 우울해 했다."

태평양 한복판에서 조난을 당해 구명선을 타고 21일 동안 표류했던 에디 리켄배커는 이렇게 말했다.

"마실 물과 먹을 음식이 있다면 더 이상 아무것도 불평할 게 없다."

언젠가 〈타임〉지에 과달카날에서 부상을 입어 일곱 번이나 수술해야 할 정도로 목을 심하게 다친 군인의 이야기가 실린 적이 있다. 그는 의식을 회복하자 의사에게 글로 말했다.

"제가 살 수 있을까요?"

의사가 그렇다고 하자 그는 또 다시 질문했다.

"제가 말을 할 수 있을까요?"

의사로부터 또 다시 그렇다는 말을 들은 그는 이렇게 썼다.

"그렇다면 아무것도 걱정할 필요가 없군요."

평생을 따져 우리가 잘못되는 경우는 10퍼센트에 지나지 않는다. 그러므로 행복을 원한다면 잘되는 90퍼센트에 집중하고 잘되지 않는 10퍼센트는 무시하라. 그 반대로 걱정과 고민과 위궤양에 시달리고 싶다면 잘되지 않는 10퍼센트에 생각을 집중하고 잘되는 90퍼센트를 무시하라.

자신의 생일날에도 검은 상복을 입고 단식을 할 정도로 깊은 염세주의자였던 〈걸리버 여행기〉의 저자 조나단 스위프트도 이렇게 말했다.

"세상에서 가장 훌륭한 의사는 적절한 음식과 침묵 그리고 삶의 활력이다."

우리가 가진 소중한 보물을 한번 생각해보라. 당신은 누군가가 10억 달러를 준다면 두 눈을 팔겠는가? 두 손, 두 귀, 두 다리, 아이, 가정을 다른 무엇과 바꾸겠는가? 당신은 지금 얼마나 소중한 재산을 가지고 있는 것인가!

200년 전, 탁월한 작가였던 사무엘 존슨 박사는 "모든 일에 있어서 가장 좋은 면만 바라보는 습관은 1년에 1천 파운드의 소득을 얻는 것보다 낫다"고 말했다. 또한 로건 페어살 스미스는 함축된 언어로 인생의 지혜를 설파하고 있다.

"인생의 목표로 삼아야 할 것에는 두 가지가 있는데, 하나는 자신이 원하는 것을 손에 넣는 일이고 다른 하나는 손에 넣은 것을 즐기는 일이다. 하지만 현명한 사람만이 두 번째 목표를 성취할 수 있다."

〈나는 보고 싶다〉라는 책을 저술한 보르길드 달은 일상의 작은 일에서도 우리가 얼마나 삶의 행복을 느낄 수 있는지를 잘 알려주고 있다. 무려 50년 동안 거의 장님이나 다름없는 상태로 지내온 그녀는 자신의 책에서 이렇게 쓰고 있다.

"한쪽 눈밖에 없는 나는 그나마 그 눈도 작은 틈새만 벌어져 있었기 때문에 책을 볼 때도 얼굴에 바짝 갖다 대고 가능한 한 눈에 힘을 주어야만 겨우 글씨를 볼 수 있었다."

그러나 그처럼 열악한 상황에서도 그녀는 피나는 노력을 기울여 미네소타 대학에서 문학학사를 컬럼비아대학에서 문학박사 학위를 받았다. 그리고 졸업 후에는 미네소타의 트윈 밸리라는 작은 마을에서 교편을 잡았다가 얼마 지나지 않아 아우구스타나 대학의 저널리즘 교수가 되었다.

이후 그녀는 13년 동안 대학에서 강의를 했고 여러 단체에서 강연도 했으며 라디오 프로그램에 출연하여 작가와 작품에 대한 해설을 하기도 했다. 물론 그때까지만 해도 그나마 남아 있는 한쪽 시력마저 완전히 잃는 것은 아닌가 하는 두려움은 여전히 남아 있었다. 그러다가 52세가 되던 1943년에 마침내 메이요 클리닉에서 수술을 받고 이전보다 40배나 좋은 시력을 회복하게 되었다. 그렇게 새로운 세상을 맛보게 된 그녀는 부엌에서 설거지를 하는 것조차 축복으로 여길 만큼 행복감에 충만했다.

"비누거품에 빛나는 찬란한 무지개의 광채가 그렇게 아름다울 수가 없었다. 그리고 부엌 창문으로 펄펄 내리는 눈 속을 날아가는 참새의 날갯짓도 볼 수 있었다."

그녀는 책의 말미에 자신에게 내린 축복에 한없이 감사하고 있다. 설거지를 하며 비누거품 속의 무지개를 보게 된 것만으로도 기쁨에 충만하여 감사의 기도를 올렸던 것이다.

우리 자신을 돌아보라. 얼마나 가진 것이 많은가.

태어나서 이토록 아름다운 세상을 살아왔으면서도 혹시 눈뜬장님처럼 그 소중함을 깨닫지 못하고 살아온 것은 아닌가!

　이제는 더 이상 고통이나 걱정, 고민거리에 얽매여 있지 마라. 그 대신 당신이 누리고 있는 축복에 대해 생각하라.

44.

자기다운 모습이 가장 아름답다

자신의 모습에 대해 비관적인 생각으로 감추고 억누르며 타인을 모방하려 한다면 늘 자신감이 부족한 상태에서 부자연스럽게 살아야만 할 것이다. 가장 아름다운 모습은 바로 자기답게 행동하는 것이다.

제임스 고든 길키 박사는 이렇게 말했다.

"자기답게 살아야한다는 문제는 인류의 역사만큼이나 오래된 것이며 인간생활에 보편적으로 나타나는 것이다."

자신의 정체성을 찾지 못하는 것은 노이로제나 정신질환, 온갖 콤플렉스의 원인이 된다. 자녀교육과 관련하여 13권의 책을 저술한 앵글로 패트리는 "자신의 마음과 육체를 무시하고 자기 이외의 다른 사람이 되고자 하는 사람처럼 불행한 사람은 없다"고 말했다.

특히 배우가 되려는 사람들 중에는 자신의 고유한 개성을 무시하고 일류배우를 모방하여 그와 비슷한 사람이 되고자 하는 경향이 강하다. 할리우드의 유명한 영화감독 샘 우드는 젊은 연기자들이 자신의 개성을 찾기보다 유명배우들을 모방하려는 경향이 너무 강해 골치라고 말한다. 그래서 늘 그들에게 이렇게 강조한다고 한다.

"클라크 게이블이라면 볼 만큼 보았다. 대중들은 다른 사람을 원한다."

6만 명이 넘는 취업희망자들을 면접했으며 〈취업에 이르는 여섯 가지 방법〉이라는 책을 저술한 폴 보인턴은 취업희망자들이 저지르는 가장 큰 잘못에 대해 이렇게 말한다.

"취업희망자들은 보통 자기답게 행동하지 않습니다. 솔직한 태도로 면접관을 대하는 것이 아니라 과연 저 사람이 원하는 것은 무엇일까, 어떻게 하면 그것을 충족시킬 수 있을까를 생각합니다. 하지만 그런 태도는 거의 도움이 되지 않습니다. 그저 아첨꾼으로밖에 보이지 않거든요."

카스 데일리는 노래 실력이 뛰어났지만 입이 너무 컸고 더욱이 입을 벌릴 때마다 뻐드렁니가 심하게 드러났다. 그러한 콤플렉스 때문에 그녀는 처음으로 클럽에서 노래를 부르게 되었을 때 자신도 모르게 윗입술로 뻐드렁니를 가리는 데만 신경 쓰느라 노래를 제대로 부를 수 없었다. 그리고 사람들의 시선을 다른 데로 돌리기 위해 좀 과하다 싶을 정도로 이상한 포즈를 취했다. 결과적으로 그녀의 노래는 사람들의 호응을 얻어내지 못했다. 그때, 그녀의 노래를 귀담아 듣던 어떤 남자가 다가와 말했다.

"당신의 노래를 주의 깊게 들어보았습니다. 그런데 당신은 뭔가 감추려고 하는 것 같더군요. 혹시 당신의 뻐드렁니를 부끄럽게 생각하십니까?"

그녀는 너무도 부끄러워 아무 말도 하지 못했다. 그 남자는 조심스럽게 말을 이었다.

"뻐드렁니가 무슨 죄라도 되나요? 그것을 숨기려 하지 말고 당신의 노래 실력을 마음껏 뽐내십시오. 그러면 청중은 당신의 노래에 찬사를 보낼 것입니다. 혹시 압니까? 당신이 감추려 하는 그 뻐드렁니가 오히려 당신에게 행운을 가져다줄지…"

그 후로 그녀는 자신의 뻐드렁니 대신 오로지 노래를 열심히 부르는 일에만 신경을 썼다. 그리고 커다란 입을 마음껏 벌려 아름다운 노래를 들려주었는데, 그녀의 열창을 들은 청중들은 열광했고 결국 그녀는 톱스타로 발돋움하게 되었다. 흥미로운 것은 그 남자의 말대로 오히려 그녀의 뻐드렁니를 모방하는 사람들까지 생겨나기 시작했다는 점이다.

우리는 모두 엄청난 능력을 지니고 있다. 다만 그것을 사용하지 못하고 있을 뿐이다. 윌리엄 제임스는 많은 사람들이 잠재능력의 10퍼센트밖에 계발하지 못한다고 말한다. 그러므로 다른 사람들을 부러워하고 그들과 같지 않다는 걱정에 사로잡혀 시간을 낭비할 필요가 없다. 모든 사람은 나름대로 고유한 능력을 지니고 있으므로 그것을 계발하기만 하면 된다.

유사 이래 당신과 똑같은 인간은 한 명도 없었으며 앞으로도 없을 것이다. 유전과학에 의하면 아버지로부터 받은 염색체 23개와 어머니로부터 받은 염색체 23개에 의해 인간이 만들어진다고 한다. 즉, 46개의 염색체가 인간의 모든 것을 결정하는 것이다. 그리고 염색체 하나하나에는 수십 개에서 수백 개의 유전자가 포함되어 있고 때로는 단 하나의 유전자가 한 개인의 전 생애를 바꿔놓을 수도 있다고 한다. 무엇보다 우리가 태어날 확률은 300조분의 1이라고 한다. 다시 말해 당신에게 300조 명의 형제자매가 있을지라도 나와 똑같은 사람은 아무도 없다는 것이다.

어빙 벌린이 조지 거슈윈을 만났을 무렵, 벌린은 이미 유명한 작곡가였지만 거슈윈은 주급 35달러를 받고 일하는 젊은 작곡가 지망생이었다. 그런데 거슈인을 만나자마자 그의 음악적 재능을 알아본 벌린은 세 배의 보수를 제시하며 자신과 함께 일해 줄 것을 제안했다. 그러면서 다음과 같은 충고를 해주었다.

"내가 현재보다 좋은 조건으로 자네에게 함께 일할 것을 제안하긴

하지만, 자네는 그것을 거절하는 것이 좋을 걸세. 만약 자네가 나와 함께 일한다면 벌린의 아류가 될 수는 있겠지. 그러나 자네가 끝까지 자기 자신을 지켜나간다면 언젠가는 제1의 거슈윈이 될 수 있을 걸세."

거슈윈은 유명한 작곡가 밑에서 일하며 배우는 것도 좋을 것이라 생각했지만, 벌린의 충고를 받아들여 자기다운 길을 선택했고 결국 당대의 유명한 작곡가 중의 한 사람이 될 수 있었다.

찰리 채플린 역시 처음으로 영화계에 입문했을 때, 감독으로부터 그 무렵 최고의 코미디언을 흉내내라는 주문을 받았다. 하지만 남의 흉내만 내던 채플린은 별다른 주목을 받지 못했다. 춤과 노래를 함께 하는 배우인 보브 호프 역시 독창적인 개성을 발휘한 후에야 유명해지게 되었다. 윌 로저스는 로프를 꼬면서 대사를 하는 독창성을 개발하기 전까지는 간신히 먹고살 정도였다. 메리 마거릿 맥브라이드는 처음 방송을 시작했을 때 아일랜드 출신의 코미디언 흉내를 내려다 실패했다. 그 후 있는 그대로의 자기 모습, 즉 수수한 시골 아가씨의 개성을 되찾은 뒤 뉴욕에서 가장 인기 있는 라디오 스타로 떠올랐다. 진 오트리가 텍사스 특유의 사투리를 감추고 도시인의 흉내를 낼 때 사람들의 비웃음을 샀지만, 밴조를 안고 카우보이 발라드를 부른 후에는 세계 제일의 카우보이 가수가 될 수 있었다.

우리는 모두 세상에서 유일무이한 존재다. 그러므로 그것을 기쁘게 생각하고 타고난 개성을 최대로 발휘해야 한다. 자기 인생은 자기만의 개성으로 가꿔나가야 한다.

랠프 왈도 에머슨은 〈자기신뢰〉라는 에세이에서 이렇게 말하고 있다.

"인간은 누구나 있는 그대로의 자기 자신을 받아들여야 하며, 세상이 아무리 넓어도 자신에게 주어지는 곡식은 자기 밭을 열심히 일궈 수확한 것밖에 없음을 인정해야 한다."

타인을 모방하지 말고 자기답게 행동하라.

45.

손실에서 이익 발견하기

시어스로벅 주식회사의 사장이었던 율리우스 로젠왈드는 '레몬이 있으면 그것으로 레모네이드를 만들라' 고 충고한다. 하지만 어리석은 사람들은 레몬이 주어지면 그것을 팽개치고 '이젠 끝이야' 하고 세상을 원망하면서 자기연민에 빠져버린다. 반대로 현명한 사람들은 '어떻게 하면 레몬으로 레모네이드를 만들 수 있을까' 를 생각한다. 위대한 심리학자인 앨프레드 아들러는 인간의 가장 놀라운 특징 가운데 하나는 '마이너스를 플러스로 바꿀 수 있는 능력' 이라고 한다.

남편을 따라 모하비사막 부근의 육군훈련소로 가게 된 셀마 톰슨은 당시의 상황에 대해 이렇게 말한다.

"선인장 그늘 밑에서도 화씨 125도까지 올라가는 찌는 듯한 더위와 끊임없이 불어대는 모래바람 그리고 아는 사람 하나 없는 그곳에서의 삶은 그야말로 지옥이었죠. 나는 너무나 비참해서 부모님께 돌아가겠다는 편지를 보냈습니다. 그러자 아버지는 단 두 줄로 된 답장을 보내셨더군요.

'두 사람이 감옥에서 철창 밖을 내다보았다.

한 사람은 진흙땅을 보았고 다른 한 사람은 빛나는 별을 보았다.'

그 편지를 되풀이해서 읽은 나는 부끄러움을 느꼈고 나도 별을 바라보기로 마음먹었습니다."

이후, 그녀는 토착민들과 친구가 되었고 기묘한 모양의 선인장이나 여러 가지 식물 및 동물을 관찰하였으며 사막의 다양한 환경에 대해 새롭게 알게 되었다. 모하비사막은 조금도 달라진 것이 없었지만 그녀는 마음자세를 바꿔 모든 것을 새롭게 변모시켰던 것이다. 나중에 그녀는 자신의 경험을 토대로 하여 〈밝은 성벽〉이라는 소설을 쓰기도 했다.

해리 에머슨 포스딕은 '행복은 쾌락이 아니라 승리' 라고 말했다. 물론 승리는 레몬을 레모네이드로 바꿀 수 있는 성취감으로부터 비롯된다.

실수로 덤불과 방울뱀만 살 수 있는 척박한 땅을 사들인 어느 농부는 좌절하지 않고 묘안을 짜내 멋지게 레몬을 레모네이드로 바꾸었다. 그는 방울뱀을 이용하여 통조림을 만들었고 그곳을 관광지로 개발하여 많은 수입을 올렸던 것이다. 또한 방울뱀의 독은 여러 연구소로 보내져 항독제로 쓰였고 뱀의 가죽은 숙녀용 구두나 핸드백의 재료로 비싸게 팔려나갔다.

철도사고로 한쪽 다리를 잃은 후에 〈신을 등진 12인〉이라는 책을 저술한 윌리엄 볼리소는 이렇게 말했다.

"인생에서 무엇보다 중요한 것은 자신이 얻은 것을 움켜쥐는 일이다. 하지만 그것은 어떤 바보라도 할 수 있다. 정말로 중요한 것은 손실로부터 이익을 끌어내는 것이다."

벤 포트슨은 스물네 살의 나이에 교통사고로 두 다리를 잃게 되었다. 처음에는 자신이 왜 그런 사고를 당해야 하는지 화가 나서 운명을 저주하기도 했지만, 그럴수록 괴롭기만 할 뿐 아무런 도움도 되지 않는다는 것을 깨달았다.

어느 날, 세상 사람들의 친절과 따뜻함을 느끼게 된 그는 자신도 남에게 친절하고 따뜻한 사람이 되어야겠다는 결심을 하였고 그 후로 엄청난 양의 독서를 하며 문학에 취미를 갖게 되었다. 그는 14년 동안 무려 1,400권의 책을 읽었고 동시에 음악에도 관심을 기울이면서 삶의 여유를 얻게 되었다. 마침내 그는 휠체어를 타고 강연활동을 하게 되었고 정치에 입문하여 활발하게 활동하였다.

세상에는 학력이 짧다는 콤플렉스를 안고 살아가는 사람들도 많이 있다. 알 스미스는 어려서 아버지를 잃고 먹고사는 일에 얽매이느라 제대로 교육을 받지 못했다. 하지만 교회에서 우연히 아마추어 연극활동을 펼치면서 대중연설가로 나서게 되었고 이후 서른의 나이에 뉴욕 주 의회 의원에 당선되었다. 하지만 학력이 짧았기에 그에게는 그 직책을 수행할 만한 기초가 전혀 없었다. 심지어 주 의회 의원이 무엇을 하는 자리인지조차 몰랐다. 그런 상황에서 삼림위원회를 거쳐 주 의회의 금융위원회에 소속되었을 때, 그는 당황할 수밖에 없었다. 금융에 대해서는 완전히 문외한이었기 때문이다. 하지만 그는 절망하지 않았다. 그는 하루에 16시간씩 공부한 끝에 일개 지방의회의 의원에서 전국적인 유명인사로 부각되었던 것이다.

니체는 결핍을 견뎌낼 뿐 아니라 그것 자체를 사랑하는 사람을 초인이라 정의하였다. 역사적으로 볼 때, 대다수의 성공자는 핸디캡을 극복함으로써 성공할 수 있었다. 다시 말해 핸디캡이 엄청난 노력과 보상을 약속해주는 요인이었던 것이다. 윌리엄 제임스는 이 사실을 이렇게 표현하고 있다.

"약점은 뜻밖에도 우리를 도와준다."

밀턴의 훌륭한 시는 그가 장님이 된 후에 지어졌고 베토벤의 불후의 명곡은 귀머거리가 된 후에 만들어졌다. 그리고 차이코프스키의 '비창 교향곡'은 그의 결혼이 비극적으로 끝났을 때 탄생했다. 생명과학의 개념을 바꿔놓은 찰스 다윈은 이렇게 말했다.

"만약 내가 병약하지 않았다면 그토록 많은 일을 이룰 수 없었을 것이다."

어떤 상황이든 자기 자신에 대해 책임을 지면 행복은 어떤 사람에게든 찾아드는 법이다. 도저히 가망이 없다는 생각이 들 때도 그리고 아무리 최악의 상황일지라도 우리가 노력을 계속해야 하는 이유는 첫째, 노력하다 보면 성공을 거둘 수 있을지 모르기 때문이고 둘째, 비록 성공하지 못할지라도 최소한 부정적인 사고방식을 긍정적인 사고방식으로 바꿔놓을 수 있기 때문이다. 더불어 열심히 노력하다 보면 과거에 얽매여 한숨이나 쉬고 있는 것이 아니라 뭔가를 위해 바쁘게 살아갈 수 있다.

세계적인 바이올리니스트 올레 불은 연주를 하던 중 갑자기 줄이 하나가 끊어지자 당황하지 않고 나머지 세 줄 만으로 훌륭하게 연주를 마쳤다. 그것을 본 해리 에머슨 포스딕이 이렇게 말했다.

"줄 하나가 끊어져도 나머지 세 줄로 연주를 완성하는 것이 바로 인생이다."

여기서 한 마디만 덧붙이자면 그냥 인생이 아니라 인생의 승리라고 할 수 있다. 레몬이 주어지면 지혜를 발휘하여 그것을 레모네이드로 바꿔라. 어리석은 사람은 주저앉아 신세한탄을 하지만 현명한 사람은 그것을 긍정적으로 바꿀 지혜를 짜낸다.

46

주는 것으로부터 얻게 되는 기쁨

아홉 살 때 어머니가 집을 나가고 열두 살 때 교통사고로 아버지를 잃은 C. R. 버턴은 가난하고 늙은 고모에게 잠시 의탁했다가 칠십 고령의 환자인 로프틴 씨의 농장으로 가게 되었다. 그는 거짓말과 도둑질을 하지 않고 말을 잘 듣는다면 얼마든지 농장에서 살게 해주겠다고 약속하였다.

하지만 학교에 다니면서부터 그는 매일 얻어맞거나 고아라고 놀림을 받기 일쑤였다. 집에 돌아와 조용히 울면 로프틴 부인이 그에게 충고를 해주었다.

"만약 네가 다른 아이들에게 관심을 보이고 그들에게 뭔가 도움을 준다면 아이들은 결코 너를 놀리지 않을 거야."

그 충고를 따른 그는 많은 친구를 사귈 수 있었고 성적도 월등히 향상되었다. 그러는 동안 마을의 농부들은 하나둘 세상을 떠났고 주변의 네 집 중에서 남자라고는 버턴밖에 없었다. 그리하여 그는 군에 입대할 때까지 집안일은 물론 이웃집 아주머니의 일을 여러 가지로 도와주었다. 이윽고 그가 군에서 제대했을 때 많은 사람이 그를 환영하기 위해 찾아왔고 심지어 80마일 밖에서 그를 만나기 위해 달려온 사람도 있었다.

관절염으로 23년이나 병상에 누워 지냈던 프랭크 루프 박사도 보람찬 삶을 누린 사람 중 하나다. 그는 어려운 상황에서도 자신처럼 거동이 불편한 사람에게 용기와 격려를 주는 편지를 보냈다. 그리고 그런 사람들을 모아 단체를 만들고 서로에게 격려 편지를 보내도록 하여 많은 사람에게 삶의 의욕을 북돋워주었다. 그는 세상이 나를 행복하게 해주지 않는다고 불평하며 괴로워하는 것보다 남을 위해 봉사하는 것이 훨씬 더 행복하다는 것을 잘 알고 있었던 것이다.

심리학자인 알프레드 아들러는 자신을 찾아오는 환자들에게 이렇게 말하곤 했다.

"이 처방을 따르면 당신은 14일 만에 완쾌될 것입니다. 날마다 어떻게 하면 남을 기쁘게 해줄 수 있을지 생각해보십시오."

대부분의 사람들은 어떻게 하면 다른 사람에게 걱정을 끼칠 수 있을까에 골몰해 있게 마련이다. 그러면서도 그 사실을 인정하는 사람은 드물다. 자신이 다른 사람들과 평등하고 협조적인 관계에 놓여 있다는 사실을 깨달을 수만 있다면 우울증은 금방 사라질 것이다.

남을 기쁘게 해주는 것은 어떻게 놀라운 효과를 발휘하는 것일까?

일단 남을 기쁘게 해주려고 애쓰다 보면 걱정과 두려움과 우울증의 원인이 되는 자신의 고민에 대해 생각할 겨를이 없어진다.

사랑하는 남편을 잃고 극도의 슬픔에 잠겨 있던 윌리엄 T. 문 여사는 크리스마스 전날 자기연민에 빠져 길을 걷다가 문득 남편과 여행하던 생각이 떠올라 아무 버스에나 올라탔다. 무작정 종점까지 가서 내린 그녀는 주택가를 맴돌다가 아름다운 멜로디가 흘러나오는 교회로 들어섰다. 그곳에는 아무도 없었는데 하루 종일 아무것도 먹지 못하고 길거리를 방황하던 그녀는 지쳐 잠들어버리고 말았다.

그녀가 눈을 떴을 때, 초라한 옷을 입은 두 명의 여자아이가 그녀 앞에 있었다. 그 아이들이 고아라는 것을 알게 된 그녀는 아이들에게 먹을 것과 선물을 사주었고 아이들이 기뻐하는 모습을 보면서 실로 오랜만에 행복을 느꼈다. 그리고 어린시절에 충분한 사랑을 받고 자랐음에 감사한 그녀는 그 경험을 통해 자신이 행복해지려면 다른 사람들을 행복하게 해주어야 한다는 것을 깨닫게 되었다.

이후, 그녀는 다른 사람들을 돕고 사랑을 나눔으로써 자기연민에서 완전히 벗어났고 새로운 삶을 살아가게 되었다.

주위에 관심을 기울여보라.

당신은 우편물을 배달해주기 위해 일 년에 수백 마일을 돌아다니는 우체부를 생각해 본 적 있는가? 가게 점원이나 신문 가판대의 아주머니, 길모퉁이에서 구두를 닦아주는 아저씨에 대해 생각해 본 적 있는가?

그들도 당신과 마찬가지로 꿈이 있고 누군가와 기쁨을 나누고 싶어 한다. 그들에게 진지하게 관심을 기울여본 적 있는가? 우리 모두가 사회사업가가 될 필요는 없다. 다만 당신이 만나는 상대방에게 진지하게 관심을 기울이기만 하면 된다. 조로아스터는 "남에게 선행을 베푸는 것은 의무가 아니다. 그것은 자신의 건강과 행복을 증가시키는 기쁨이다"라고 했고, 벤저민 프랭클린은 "남에게 선행을 베풀면 그것은 자신에게 최선의 행동을 하는 셈이 된다"라고 말했다.

남에 대한 관심은 자신을 고민에서 해방시켜 줄뿐 아니라 많은 친구들을 얻게 해준다. 자신의 짐을 날라준 짐꾼과 악수를 나누는 사람, 무더운 주방에서 음식을 만드느라 고생하는 요리사를 생각하여 따뜻한 한 마디를 건네는 사람, 길에서 만난 개에게 칭찬을 아끼지 않아 개 주인을 즐겁게 해주는 사람이 우울증이나 걱정으로 정신과를 찾는 일은 없을 것이다.

중국 속담에 이런 것이 있다.

"남에게 장미꽃을 바치는 사람의 손에는 꽃향기가 남는다."

유사 이래로 위대한 철학자들, 즉 예수, 공자, 석가, 플라톤, 아리스토텔레스, 소크라테스, 성 프랜시스 등은 남에게 관심을 기울여온 사람들이다. 무신론자이자 뛰어난 학자인 A. E. 하우스만 역시 자기 자신만을 생각하는 사람은 아무것도 얻을 수 없다고 단언했다. 종교란 한낱 동화 같은 것이라고 비웃었던 시어도어 드라이저는 이렇게 말했다.

"삶의 기쁨을 원한다면 모든 일을 자기 자신만을 위해서가 아니라 타인을 위해서도 생각하고 계획해야 한다. 왜냐하면 자신의 기쁨은 타인에게 주는 기쁨과 다른 사람들로부터 받는 기쁨에 의해 결정되기 때문이다."

다른 사람에게 관심을 기울임으로써 자기 자신을 잊어라. 시간은 지금도 계속 흐르고 있다. 그리고 당신은 이 길을 오직 한번만 지나갈 수 있다. 그러므로 늑장을 부리거나 망설여서는 안 된다. 지금 당장 실천해야 한다.

하루에 한번 이상, 타인의 얼굴에 기쁨의 미소가 번지도록 선행을 베풀어라. 그러면 그것은 오히려 당신에게 커다란 기쁨으로 되돌아올 것이다.

47.

비난의 비가 쏟아질 때는
우산을 펼쳐라

식당종업원과 목공소 인부, 가정교사, 외판원을 전전하며 간신히 예일대학을 졸업한 로버트 허친슨이 불과 서른의 나이에 시카고대학의 총장으로 취임하자 각계각층에서 너무 젊다느니 경험이 부족하다느니 하면서 비난이 쏟아졌다. 언론까지 나서서 그를 공격하자 허친슨의 아버지가 그의 친구에게 말했다.

"죽은 개에게 발길질하는 사람은 아무도 없다네."

중요한 개일수록 그 개에게 발길질하는 사람의 쾌감은 더 크게 마련이다. 훗날 에드워드 8세가 된 영국의 황태자 역시 해군사관학교 시절에 비슷한 경험을 했다. 어느 날, 당시 14살이던 황태자가 구석에서 울고 있는 것을 발견한 교관이 어찌된 일이냐고 물었다. 처음에는 굳게 입을 다물고 있던 황태자는 마지못해 사실을 털어놓았는데, 그 이유는 다른 해군후보생들이 이유없이 그에게 발길질을 해댄다는 것이었다. 그 이유를 알아본즉, 자기들이 훗날 대영제국의 해군사령관이 되었을 때 '나는 이 나라의 국왕을 걷어찬 적이 있었다' 고 말하고 싶어 그랬다는 것이다.

얼마나 어리석고 단순한 생각인가!

만약 당신이 비난을 받는다면 비난하는 사람들은 타인을 비난함으로써 자신이 대단한 사람이라는 느낌을 갖고 싶어한다는 사실을 명심하라. 그들은 자기보다 교육수준이 높거나 큰 성공을 이룬 사람들을 비난함으로써 유치한 만족감을 느낀다.

쇼펜하우어는 "천박한 사람들은 훌륭한 사람들의 결점과 실수에서 엄청난 즐거움을 느낀다" 라고 말했다. 미국의 독립선언서를 입안하고 민주주의의 수호신이라 추앙받는 토머스 제퍼슨도 예일대학 총장이던 티모시 드와이트로부터 "그가 만약 대통령이 된다면 우리의 아내와 딸들은 매춘의 희생자가 될 것이며 도덕과 윤리는 땅에 떨어지고 신과 인간을 욕되게 하는 상황이 발생할 것이다" 라는 비난을 받았다. 조지 워싱턴은 어느 신문의 만평에서 기요틴의 칼날 아래 엎드려 있는 모습으로 그려지기도 했다. 남북전쟁을 승리로 이끈 그랜트 장군 역시 오만한 상관들의 질투와 부러움을 사 승리를 기뻐한지 6주일 만에 지휘권을 박탈당하고 당국에 체포되었다.

부당한 비난은 위장된 칭찬인 경우가 많다. 아무도 죽은 개는 걷어차지 않는다는 사실을 기억하라.

한 가지 분명한 사실은 대다수의 사람이 자신에게 던져진 작은 돌멩이 하나를 엄청난 바위인 것처럼 과장하는 경향이 있다는 것이다. 하지만 사람들은 대체로 남의 일에 그다지 신경쓰지 않는다. 그들은 자신에 대한 생각만으로도 바쁘다. 그들에게는 세상의 일보다 자신의 가벼운 두통이 훨씬 더 심각한 일인 것이다.

그러므로 속임수나 무안, 배신을 당했다거나 칼로 등을 찔렸을지라도 자기연민에 사로잡힐 필요는 없다. 예수 그리스도는 겨우 19달러에 배신을 당했고 한 제자는 그를 세 번이나 부정했다. 평범한 우리가 그보다 나을 것이 무엇이 있겠는가!

사람들의 부당한 비난을 막을 수는 없다. 하지만 부당한 비난으로 인해 마음 상할 것인지 아닌지는 스스로 선택할 수 있다. 그렇다고 모든 비난을 무조건 무시하라는 얘기는 아니다. 다만 부당한 비난을 무시하라는 것이다.

백악관의 안주인으로서 어느 대통령 부인보다 친구와 적이 많았던 엘리너 루즈벨트는 온갖 비난을 피할 수 있는 유일한 방법은 도자기 인형이 되어 선반 위에 얌전히 앉아 있는 것뿐이라고 말했다.

"사람들이 뭐라고 하든 신경쓸 필요가 없어요. 그저 자신이 진심으로 옳다고 생각하는 일을 하면 되지요. 어차피 해도 욕을 먹고 안 해도 욕을 먹게 되어 있거든요."

매튜 C. 브러시 역시 사업을 하던 초창기 무렵에는 남의 비난에 매우 민감했다고 한다. 직원들이 어떤 기미만 보여도 고민에 사로잡혔고 심지어 한번은 심한 반감을 보이는 사람을 설득하려다 오히려 다른 사람들을 화나게 만들기도 했다는 것이다. 그러다가 마침내 반감을 무마하려고 하면 할수록 적이 늘어난다는 사실을 깨닫고는 차라리 비난에 신경쓰지 않는 것이 더 낫다는 것을 알게 되었다고 한다.

"어떤 일에서든 비난은 따르게 마련입니다. 그래서 저는 최선을 다한 후에는 즉시 우산을 펼쳐 비난의 소나기가 제 목덜미를 적시는 대신 발밑으로 흘러내리도록 하고 있습니다."

딤스 테일러는 한 걸음 더 나아가 비난의 소나기를 흠뻑 맞은 뒤에 한바탕 웃어버렸다. 비난에 대해 이런 태도를 취할 수 있는 사람은 그야말로 존경받을 만하다. 자신감으로 가득 찬 유머감각에 어찌 경의를 표하지 않을 수 있겠는가!

찰스 슈왑은 어느 독일인 노동자로부터 중요한 교훈을 배웠다고 한다. 전쟁이 한창일 무렵, 그 노동자는 독일인이라는 이유만으로 흥분한 다른 노동자들에 의해 강물에 내던져지는 수모를 당했다. 그의 조국 독일이 전쟁을 일으켰기 때문이다. 온통 진흙투성이가 되어 간신히 사무실로 들어온 그를 보고 슈왑이 물었다.

"그들에게 뭐라고 항변했소?"

"그냥 웃기만 했습니다."

이후, 슈왑은 '그냥 웃기만 했다'는 말을 자신의 좌우명으로 삼았다고 한다. 이것은 부당한 비난의 희생자가 되었을 때 특히 도움이 된다. 그저 웃기만 하는 사람에게 사람들이 더 이상 뭐라고 하겠는가!

링컨은 자신에게 쏟아지는 비난에 이렇게 대응했다.

"나에 대한 모든 비난에 신경쓰고자 한다면 차라리 나는 다른 직업을 알아보는 것이 나을 것이다. 나는 다만 최선을 다할 뿐이고 마지막 순간까지 그렇게 할 것이다. 만약 그 결과가 좋다면 나에게 쏟아졌던 모든 비난은 아무런 의미가 없게 될 것이고, 만약 그 결과가 나쁘다면 아무리 열 명의 천사가 내가 옳았음을 인정해 준다고 해도 그것은 아무런 의미도 갖지 못할 것이다."

링컨의 대처방법은 명언으로 남았고 맥아더 원수는 전쟁기간 동안 그 말을 작전본부의 책상 위에 걸어두었으며 윈스턴 처칠은 액자까지 만들어 서재에 걸어두었다고 한다.

부당한 비난에 직면하면 다음을 기억하라.

"최선을 다하라. 그 다음에는 우산을 펼쳐 비난의 소나기가 발밑으로 떨어지도록 하라."

48

비판을 삶의 비타민으로 받아들여라

자신의 어리석은 실수나 행동에 대해 메모를 해두면 문제를 해결하는데 많은 도움이 된다. 그리고 그 당시에는 남의 탓으로만 여겨졌던 문제들이 자신의 잘못에서 비롯된 것임을 깨닫기도 한다. 나이를 먹어감에 따라 보다 원숙해지고 인생을 보는 눈이 넓어지면서 문제의 근본 원인을 알게 되는 것이다.

화려한 영광 뒤에 세인트 헬레나에 유배되었던 나폴레옹은 이렇게 말했다.

"나의 실패는 모두 내 탓이다. 내가 내 운명의 재난을 초래한 것이다."

재계의 거물로 시골 점원으로 출발하여 최고의 성공을 이루었던 H. P. 하우얼은 자신의 성공 이유에 대해 이렇게 말한 바 있다.

"수년 동안 하루에 해야 할 약속과 업무를 기록하고 매주 토요일 저녁에는 업무를 재검토하거나 나 자신을 평가하는 일에 몰두했습니다. 그때, 내가 저지른 잘못이나 내가 취했어야 할 올바른 행동 및 개선점 그리고 그러한 경험을 통해 내가 얻게 될 교훈이 무엇인지 꼼꼼하게 체크했습니다. 그런 노력은 삶에 대한 자신감을 주었고 더불어 성공의 밑거름이 되었습니다."

벤저민 프랭클린은 일주일에 한번이 아니라 매일 저녁마다 자신을 냉정하게 분석했다. 그는 자신에게 치명적인 결점이 열세 가지나 있다는 것을 깨닫고는 일주일에 하나씩 고쳐나가는 방식으로 2년 넘게 매주 한 가지씩의 결점과 싸움을 벌여 미국에서 가장 영향력 있고 사랑받는 인물로 거듭나게 되었다.

월트 휘트먼은 그것에 관해 이렇게 말하고 있다.

"당신은 당신 편이고 당신을 좋아하고 당신을 칭찬만 하는 사람들로부터 어떤 교훈을 얻은 적이 있는가? 당신에게 반발하고 논쟁을 벌이고 비판하는 사람들로부터 더 큰 교훈을 배운 적은 없는가?"

만약 타인의 비난이 싫다면 먼저 스스로 자기 자신을 철저히 비판함으로써 타인에게 비판할 기회를 주지 않아야 한다. 상대방이 한 마디라도 트집을 잡기 전에 스스로 결점을 발견하고 그것을 고치도록 노력해야 하는 것이다.

불멸의 저작인 〈종의 기원〉을 15년에 걸쳐 완성한 찰스 다윈은 그 것이 세상에 발표되면 지식계와 종교계가 왈칵 뒤집힐 것임을 예측했다. 그리하여 스스로 비판자가 되기로 결심한 그는 이후로 15년 동안 자료를 재검토하고 추론의 수정과 결론에 대해 비판을 하면서 자신의 이론에 대한 확신을 굳혀갔다.

만약 누군가가 당신에게 바보라고 한다면 어떻게 하겠는가? 부르르 몸을 떨면서 화를 내겠는가? 모욕감을 참지 못하고 당장에 반응을 보이겠는가?

남북전쟁 당시, 링컨의 비서였던 에드워드 M. 스탠턴이 한번은 링컨에게 바보라고 한 적이 있다. 이때, 링컨은 어떻게 했을까?

링컨이 상황을 잘 모르고 사리사욕을 채우려는 정치인들을 위해 법안개정에 서명을 하자, 스탠턴은 링컨의 명령에 불복종하고는 그를 바보 천치라고 욕했다. 그 말을 전해들은 링컨은 조용히 말했다.

"스탠턴이 나에게 바보라고 했다면 그 말이 맞을 걸세. 그는 언제나 옳거든. 그를 한번 만나봐야겠군."

링컨은 스탠턴을 만났고 그로부터 여러 가지 정황을 들은 링컨은 서명을 취소했다. 링컨은 어떤 비판이 옳다면 그것을 겸허히 수용했고 그로부터 지식을 구하는 지혜로운 인물이었던 것이다. 어느 누구도 네

번 중에 세 번이 옳다고 장담할 수 없으므로 정당한 비판은 기꺼이 받아들일 줄 알아야 한다. 루스벨트 대통령 역시 올바른 판단을 하는 것이 쉬운 일이 아님을 인정하고 있다. 아인슈타인조차도 자신의 결론이 99퍼센트 잘못된 견해라는 것을 고백하기도 했다.

라 로슈푸코는 이렇게 말했다.

"우리에 관한 상대방의 의견이 우리의 의견보다 진실에 더 근접하게 마련이다."

물론 인간은 감정적인 존재이므로 누군가로부터 비판을 받으면 반발하고 칭찬에 대해서는 우쭐하는 경향이 강하다. 그러므로 노력이 필요하다. 누군가가 험담하는 것을 듣더라도 변명하려 하지 말고 겸손하게 그 비판의 진의를 파악하기 위해 노력해야 한다.

부당한 비난을 받을 때는 분노를 속으로 삭이고 잠시 이렇게 되뇌어 보라.

'참자. 나는 완벽한 사람이 아니다. 아인슈타인도 자기 결론의 99퍼센트가 틀렸다고 고백했는데 나는 얼마나 잘못이 많겠는가. 어쩌면 그 비난이 옳은지도 모른다. 정말로 그렇다면 오히려 감사하는 마음으로 그 비난을 받아들이는 것이 마땅하지.'

훗날 콜게이트 피트 회사의 회장으로 올라간 E. H. 리틀은 영업사원으로 근무하던 시절에 상당히 독특한 자세를 보여주었다. 실적이 그리 좋지 못했던 그는 해고될지도 모른다는 고민에 빠져 곰곰이 자기 자신을 돌아보기 시작했다. 제품의 품질은 우수했고 가격도 저렴했기 때문에 문제는 자기 자신에게 있을 수밖에 없었던 것이다.

그는 판매에 실패하고 나면 몇 블록을 걸으면서 실패의 원인에 대해 꼼꼼히 분석했고, 그 이유를 밝혀내지 못하면 고객에게 되돌아가 문제가 무엇인지 물어보았다.

"제가 다시 온 것은 물건을 팔기 위해서가 아닙니다. 당신의 충고를 듣고 싶어서 왔습니다. 저의 판매방식에 어떤 문제가 있나요? 당신의 경험과 능력으로 솔직하게 비판해 주십시오."

그리하여 그는 많은 친구를 사귀고 그들로부터 귀중한 조언도 듣게 되었다.

거울을 들여다보면서 자기 자신에게 질문해 보라.

"나는 과연 큰 그릇이 될 만한 인물인가?"

우리는 결코 완벽한 존재가 아니다. 그러므로 실수할 수도 있다. 중요한 것은 그 실수를 반복하지 않도록 기록하고 분석하고 꼼꼼하게 체크하여 다음 행동의 밑거름으로 활용해야 한다는 사실이다. 건설적인 비판은 자청해서 듣고 단점은 고칠 수 있도록 노력하라.

49.

피곤해지기 전에 쉬어라

피로는 근심을 유발하고 감기를 비롯하여 온갖 질병에 대한 신체적 저항력을 약화시킨다. 또한 피로는 공포와 걱정에 대한 저항력을 감퇴시킨다. 따라서 피로를 느끼기 전에 충분한 휴식을 취하는 것이 좋다. 피로는 놀라운 속도로 우리 몸에 축적된다.

윈스턴 처칠이 70대의 노령에도 불구하고 제2차 세계대전 기간 동안 전쟁을 지휘하면서 하루에 16시간씩 일할 수 있었던 비결은 무엇일까?

그는 매일 아침 11시까지는 침대에 누운 채 보고서를 읽고 지시사항을 구술하거나 전화 통화를 했으며 중요한 회의를 준비하였다. 그리고 점심밥을 먹은 후에는 다시 침대로 돌아가 1시간가량 낮잠을 즐겼다. 오후에도 2시간 동안 낮잠을 자고 저녁 8시에 일어나 저녁식사를 하였다. 다시 말해 중간 중간에 휴식을 취했기에 고령의 나이에도 활

기차게 활동할 수 있었던 것이다.

어마어마한 재산을 모은 존 D. 록펠러는 98세까지 장수를 누렸는데, 그가 타고난 건강체질이었다는 것 외에 매일 정오 무렵에 30분씩 낮잠을 자는 습관이 그의 건강을 지켜주었다고 한다. 그가 사무실 소파에 누워 낮잠을 자는 동안에는 설사 미국의 대통령이 전화를 해도 그와 통화할 수 없었다고 한다.

아주 짧은 시간의 낮잠일지라도 그 휴식은 하루의 피로를 깨끗이 씻어줄 정도의 효과가 있다. 코니 맥은 경기를 앞둔 오후에는 5분간이라도 반드시 낮잠을 잤다고 한다. 엘리너 루스벨트 역시 손님을 접견하거나 연설을 하기에 앞서 편안한 자세로 앉아 눈을 감고 30분 정도의 휴식을 취해 빡빡한 백악관의 일정을 소화해낼 수 있었다.

세계 로데오 선수권 대회에서 세간의 이목을 집중시켰던 진 오트리는 매일 오후마다 간이침대에 누워 1시간 정도 잠을 자거나 안락의자에서 2, 30분 정도 잠을 잤다고 한다. 에디슨이 보여준 엄청난 정력과 인내심도 언제든 자고 싶을 때 자는 버릇이 있었기 때문이다.

80세에도 건강하고 생기 넘치는 얼굴을 유지했던 헨리 포드는 이렇게 말했다.

"나는 앉을 수 있을 때, 서 있지 않소. 그리고 누워 있어도 되는 때는 절대로 앉아 있지 않소."

점심식사 후에 10분 정도 잠을 자는 것은 웬만한 보약보다 낫다고 한다. 만약 당신이 50세 이상인데도 불구하고 너무 바빠 휴식을 취할 수 없다면 당장 생명보험에 들도록 하라. 언제 어느 때 죽음이 닥칠지 알 수 없기 때문이다.

낮잠을 잘 수 없는 형편이라면 저녁식사 전 1시간 정도는 누워서 휴식을 취할 수 있어야 한다. 밤에 8시간을 죽 자는 것보다 저녁에 1시간의 휴식을 취하고 6시간만 자는 것이 훨씬 더 몸에 좋다. 특히 육체노동자들은 자주 휴식을 취해야만 일에 보다 능률을 기할 수 있다.

베들레헴 철강회사에서 과학경영 기술자로 근무하는 프레드릭 테일러는 연구 끝에 노동자들이 피로를 덜 느끼고 보다 효율적으로 일할 수 있는 방법을 찾아냈다. 쉬는 시간이 없을 때, 노동자들은 하루에 평균적으로 12.5톤의 선철을 화물차에 선적했는데 중간에 휴식시간을 주자 평소보다 4배에 달하는 47톤까지 운반할 수 있었던 것이다.

그것은 종전대로 하루 종일 쉬지 않고 일하는 것이 아니라 1시간 동안 26분을 일하고 34분을 쉬는 방식을 이용했기 때문이다. 즉, 피로해지기 전에 휴식을 취하고 일하는 시간보다 쉬는 시간이 더 많으면 일을 집중적으로 처리하여 하루 종일 고되게 일하는 것보다 더 나은 효과를 낼 수 있는 것이다.

보다 놀라운 사실은 우리의 두뇌는 정신노동 그 자체만으로는 절대로 피곤해지지 않는다는 점이다. 그렇다면 과연 무엇이 인간을 피곤하게 만드는 것일까? 영국의 정신분석가인 J. A. 하드필드는 〈힘의 심리학〉이라는 저서에서 이렇게 말했다.

"우리를 괴롭히는 피로의 대부분은 감정적인 원인에서 비롯된다. 순수하게 정신노동에서 오는 피로는 거의 없다고 해도 과언이 아니다."

또한 미국의 정신분석가인 A. A. 브릴 박사는 "건강한 신체를 가진 정신노동자의 피로는 100퍼센트 심리적인 요소 때문이다"라고 주장한다.

그렇다면 정신노동자를 피곤하게 만드는 감정적 요소는 무엇일까? 그것은 '지루하다', '불만스럽다', '괜히 시간만 낭비하는 것 같다', '초조하다', '걱정스럽다', '일이 마음에 안 든다' 등의 요인이다. 그렇기 때문에 업무능률이 떨어지고 퇴근 무렵이면 두통에 시달리게 된다. 한 마디로 말해 우리의 감정이 몸을 긴장상태로 만들기 때문에 피로를 느끼는 것이다.

긴장은 하나의 습관이다. 더불어 휴식 역시 습관이다. 그렇다면 나쁜 습관을 고칠 수 있듯 좋은 습관도 기를 수 있는 셈이다.

유명한 소설가 비키 바움은 어렸을 때, 어떤 할아버지로부터 귀중한 교훈을 배웠다고 한다. 한번은 그녀가 넘어져서 무릎과 손목을 다쳤는데 그때 할아버지는 그녀를 일으켜 세우며 이렇게 말했다.

"네가 다친 이유는 몸이 긴장했기 때문이란다. 언제나 네 몸을 낡은 양말이라고 생각해 보렴. 몇 가지 방법을 가르쳐주마."

그리고는 몇몇 아이들에게 낙법과 재주넘는 법 등을 가르쳐주셨는데 반복해서 '자신의 몸이 낡은 양말처럼 축 늘어졌다고 생각하면 긴장이 풀린다' 고 일러주었다.

우리는 언제 어느 때든 긴장을 풀고 편안한 자세를 유지할 수 있다. 그렇다고 의식적으로 노력해서는 안 된다. 그러한 노력 자체가 또 다른 긴장감을 유발할 수 있기 때문이다.

긴장을 푸는 4가지 방법을 살펴보면 다음과 같다.

첫째, 언제 어디서든 기회만 닿는다면 몸이 낡은 양말처럼 축 늘어졌다고 느껴질 정도로 긴장을 풀고 휴식을 취한다.

둘째, 가능한 한 편안한 자세로 일한다. 육체적 긴장은 피로를 유발한다.

셋째, 필요 이상으로 일을 어렵게 하고 있는 것은 아닌지 혹은 일과 상관없는 근육까지 혹사하고 있지는 않은지를 수시로 체크한다.

넷째, 잠자리에 들기 전에 얼마나 피곤한 상태인지 점검한다. 만약 피곤하다면 그것은 정신노동이 아니라 노동하는 방법이 잘못되었기 때문이다.

50.

스트레스 한 방에 날리기

누구나 편안하게 실천하면서 스트레스를 날려버릴 수 있는 방법은 아주 간단하다.

첫째, 자신에게 감동과 위안을 준 시나 짧은 기도문, 인용문 등을 기록해두고 기분이 가라앉을 때 읽어본다.

둘째, 타인의 결점에 집착하지 말고 가능한 한 상대방의 장점을 보기 위해 노력한다.

셋째, 다른 사람에게 관심을 기울인다.

넷째, 잠자리에 들기 전에 내일의 계획표를 작성한다. 그러면 시간에 쫓기지 않고 일을 제 때에 처리해 휴식을 취할 수 있다.

다섯째, 긴장과 피로를 사전에 예방한다. 일단 마음속에서 걱정을 몰아내면 긴장을 풀 수 있다.

일을 할 때도 피로와 근심을 해결해줄 수 있는 요령을 따르는 것이 바람직하다. 이러한 습관이 몸에 배면 언제 어디서든 짬짬이 휴식을 취하면서 피로를 누적시키지 않고 즐겁게 일할 수 있다.

첫째, 당장 급하게 처리해야 할 서류를 제외하고는 모든 서류를 책상 위에서 치워버린다. 일에 질서가 잡히면 심리적으로 편안해질 뿐 아니라 일을 효율적으로 처리할 수 있다.

둘째, 일의 중요성에 따라 우선순위를 매겨 처리한다. 물론 항상 중요한 일부터 먼저 하는 것이 쉽지는 않지만 그것을 실천하는 것이야말로 가장 좋은 방법이다. 심지어 무인도에 살았던 로빈스 크루소조차 그 날 할 일을 시간단위로 계획을 세웠다는 사실을 기억하라.

셋째, 처리해야 할 문제는 즉석에서 처리한다. 쓸데없는 논쟁만 거듭하다가 결정을 뒤로 미루는 일이 없어야 한다. 하나의 사안을 결정하기 위해 더 많은 근거가 필요할 수도 있고 어떤 조치가 선행되어야 할 수도 있지만 어쨌든 결정은 즉석에서 이루어져야 한다.

넷째, 조직화하고 명령하고 감독하는 방법을 습득한다. 모든 일을 혼자 처리하고 사소한 것까지 일일이 챙기려 하면 심한 긴장감과 초조감에 사로잡히게 된다. 그리고 그런 상태는 온갖 질병의 원인이 되기도 한다.

그렇다면 피로와 걱정과 후회를 초래하는 것을 물리치려면 어떻게 해야 할까?

인간의 감정적인 기분이 육체적인 기력 소진보다 더 많은 피로를 가중시킨다는 것은 널리 알려진 사실이다. 인간이 권태를 느끼면 혈압과 산소소모량이 감소하지만, 관심과 흥미를 느끼면 신진대사가 증가한다. 인간은 뭔가 흥미롭고 재미있는 일을 하고 있을 때 피곤을 느끼지 않는 것이다.

우리는 일 때문에 피로를 느끼는 것이 아니라 걱정과 좌절, 후회 때문에 피로를 느낀다.

라디오뉴스 해설자인 H. V. 칼텐보른은 권태로운 직업을 흥미로운 것으로 바꿔 성공한 인물이다. 그는 세일즈맨으로 일하던 시절에 아침마다 자신에게 격려의 말을 해주었다고 한다.

"칼텐보른, 어차피 먹고살기 위해 너는 이 일을 해야만 해. 그러니 이왕이면 기분 좋게 하자. 남의 집 초인종을 누를 때 너는 무대에 선 배우이고 상대방은 관객이라고 생각해라. 그리고 마치 연극을 하듯 즐겁고 활기차게 상대방을 대하자."

물론 처음에는 그것이 어색하고 끔찍하게 느껴지기도 했지만, 스스로를 격려하는 것에 익숙해지면서 점점 끔찍하게 여겨졌던 일이 즐겁고 유익한 것으로 받아들여졌다고 한다. 그는 이렇게 말한다.

"육체적인 운동만큼 정신적, 심리적인 운동도 중요합니다. 아침에 정신을 차리려면 몸을 움직이는 것이 가장 좋다고들 하지요. 그처럼 매일같이 마음의 운동을 위해 스스로에게 격려의 말을 해주는 것이 좋습니다."

삶은 우리의 생각에 의해 만들어진다. 매일 기회가 있을 때마다 스스로를 격려한다면 우리는 용기와 행복, 힘, 평화 쪽으로 자신을 이끌 수 있다. 감사해야 할 일을 자기 자신에게 속삭임으로써 마음을 기쁘고 즐거운 생각으로 가득 채울 수 있는 것이다.

자신의 일에 흥미를 갖는 것이 자신에게 어떤 이익이 되는지 생각하라. 그것이 바로 행복을 두 배로 늘리는 방법이다. 깨어 있는 대부분의 시간 동안 하는 일 속에서 행복을 느끼지 못한다면 어디에서도 행복을 찾을 수 없다.

자신의 일에 흥미를 보이는 것은 걱정에서 벗어나는 방법인 동시에 성공의 지름길이다. 설사 그렇지 못할지라도 최소한 피로를 줄이고 삶을 즐길 수 있다. 특히 마음이 즐겁고 편해지면 잠을 잘 잘 수 있고 그것은 건강으로 직결된다. 인간은 인생의 3분의 1을 잠으로 보내지만 잠에 대해 정확히 아는 사람은 거의 없다. 수면은 일종의 습관이며 자연의 보살핌을 받는 휴식상태라는 정도는 알고 있지만 각 개인에게 몇 시간의 수면이 필요한지 또한 수면이 절대적으로 필요한 것인지에 대해서는 거의 알지 못한다.

어떤 사람은 평균보다 훨씬 더 많은 잠을 자야 한다. 토스카니니는 하루에 다섯 시간씩 잤지만 피로를 몰랐고 캘빈 쿨리지는 그 두 배 이상의 수면을 취해야 몸이 개운했다고 한다. 다시 말해 토스카니니는 자기 일생의 5분의 1을 잠을 잤지만, 쿨리지는 거의 절반가량을 잠으로 흘려보낸 것이다.

그래도 불면증 때문에 고생하는 것보다 몸이 원하는 만큼 충분한 수면을 취하는 것이 좋다. 무엇보다 중요한 사실은 불면증은 대부분 피로와 걱정으로 인해 발생한다는 점이다. 숙면에 필요한 첫 번째 조건은 바로 안정감이다. 마음과 신경을 안정시키는 것이 가장 뛰어난 진정제인 것이다. 정원 가꾸기나 수영, 테니스, 골프, 스키 등의 운동을 통해 몸을 피곤하게 만드는 것도 숙면을 취하는 한 방법이다. 충분한 피로가 쌓이면 걷고 있는 동안이나 옆에서 벼락이 쳐도 잠을 잘 수 있다.

인간이 아무리 저항해도 본능은 의지와 무관하게 사람을 잠들게 한다. 음식이나 물을 먹지 않고 견딜 수 있는 시간보다 잠자지 않고 버틸 수 있는 시간이 훨씬 더 짧다. 결국 일에 대한 걱정과 우울증에 시달리지 않는 한, 인간은 어떤 상황에서도 푹 잘 수 있는 셈이다. 특히 건강에 해로운 것은 불면증 그 자체가 아니라 불면증에 대한 걱정임을 기억하라.

세상을 움직일 수 있는

마음경영

1판 1쇄 찍음 / 2007년 2월 3일
1판 4쇄 펴냄 / 2016년 8월 1일

지은이 / 데일 카네기
엮은이 / 이상숙
펴낸이 / 배동선
마케팅부 / 최진균
총무부 / 이다혜
디자인 / 아이앤티
펴낸곳 / 아름다운사회

출판등록일자 / 2008년 1월 15일
등록번호 / 제2008-1738호

주소 / 서울시 강동구 성내동 419-28 아트빌딩 2층 (우: 05403)
대표전화 / (02)479-0023
팩시밀리 / (02)479-0537
E-mail / assabooks@naver.com

ISBN : 978-89-5793137-0-03320

* 잘못된 책은 교환해 드립니다.

9,800원